WEIHNACHTSBÄUME
WEIHNACHTSTRÄUME

Jutta Dietrich

WEIHNACHTSBÄUME WEIHNACHTSTRÄUME

Die schönsten Christbäume der Welt

Mosaik

Für Jürgen

Textbearbeitung Lynn Bryan, London
Aus dem Englischen von Barbara Holle, München

Redaktionsleitung: Halina Heitz
Redaktion der deutschen Ausgabe: Heike Pressler, Annette Baldszuhn
Layout und Design: Patrick Deiller, CND International, Paris
Umschlaggestaltung: Design Team München
Reproduktionen: Leyre, Paris
Satz: Filmsatz Schröter, München
Druck und Bindung: Mohndruck Graphische Betriebe GmbH, Gütersloh
Printed in Germany

ISBN 3-576-11061-5

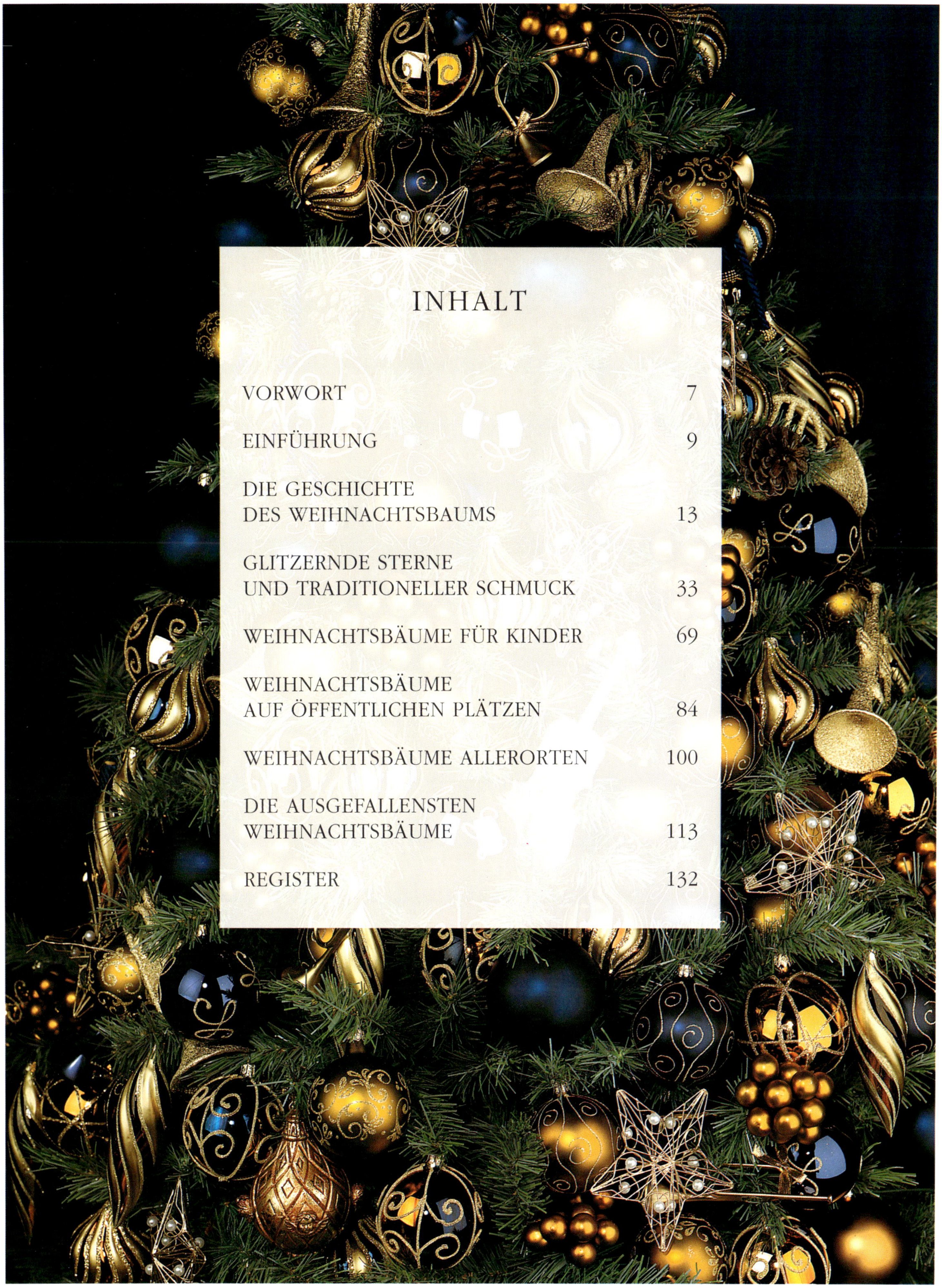

INHALT

Als ich das erste Mal darüber nachdachte, ein Buch über Weihnachtsbäume zu kreieren, hatte das eigentlich einen ganz praktischen Grund. Stand ich doch jedes Jahr wieder vor der Frage, wie ich meinen Baum denn diesmal schmücken sollte. Und dabei kam mir der Gedanke, daß es sehr hilfreich wäre, ein Buch zur Hand zu haben, aus dem man sich die unterschiedlichsten Anregungen holen könnte.

Das Thema faszinierte mich deshalb so sehr, weil bei uns zu Hause der geschmückte Christbaum der Mittelpunkt jedes Weihnachtsfestes ist.

Es war eine aufregende Reise, die mich quer durch Europa und Nordamerika führte und auf der ich, vor allem in Amerika, wo man eine Vorliebe für prächtige und gigantische Weihnachtsbäume hat, einige außergewöhnliche und besonders schöne Beispiele entdeckte.

Die Zusammenstellung dieses Buches hat mir viel Freude bereitet, und ich bin sicher, Sie werden ebensoviel Spaß beim Durchblättern haben.

Frohe Weihnachten!

A. CHEVALLIER TAYLER . 1911

Einführung

Stellen Sie sich einmal vor, Sie wären vier Jahre alt, säßen auf der Treppe im Flur und belauschten zitternd vor Aufregung, wie Mutter und Vater mit alten, zerknitterten Papiertüten rascheln. Sie hören, wie sie das Lametta entwirren und die dünnen, synthetischen Silberfäden dabei knistern. Sie vernehmen das klingende Geräusch beim Aneinanderstoßen von Metall und Glas und hören, wie der Christbaumschmuck aus dem schützenden Seidenpapier gewickelt wird.

Sie nehmen die unterdrückten Ausrufe des Entzückens wahr, wenn Ihre Eltern auf einen besonders schönen und wertvollen Schmuck stoßen, den sie bereits ganz vergessen hatten. »Erinnerst Du Dich noch, wo wir diesen Zinnsoldaten gekauft haben? Stefan war erst drei, und wir fanden ihn in dem kleinen Laden in Paris.«

Sie sehen es direkt vor sich, wie Ihr Vater den Zinnsoldaten in der Hand hält, und wissen sofort, welchen Platz er am Baum bekommen wird. Er hängt stets in der Nähe der kleinen Trompete, zwischen dem zarten Engel und der Zinntrommel.

Sie hören Ihren Vater leise fluchen bei dem Versuch, die Christbaumbeleuchtung zu entwirren, ohne dabei eine Birne zu zerbrechen. Und wie er gelobt, sie beim nächsten Mal sorgsamer zu verpacken. Es ist schon fast Mitternacht, und Sie wünschen sich, Ihre Eltern wären bald fertig mit dem Baum, denn Sie fürchten, der Weihnachtsmann könnte kommen, sie sprechen hören und wieder gehen.

Müde, aber immer noch aufgeregt schleichen Sie wieder zurück in Ihr Bett, denn morgen werden Sie den Baum mit dem silbernen Stern auf der Spitze sehen dürfen und unter seinen ausladenden Zweigen nach den Geschenken suchen, die mit Ihrem Namen versehen sind. Und eines könnte sogar vom Weihnachtsmann sein.

Vom Weihnachtsbaum geht ein ganz besonderer Zauber aus, er bringt Abwechslung und eine ganz neue Erfahrung in unseren Alltag. Ist er doch, mitten im dunklen Winter, ein Symbol der Hoffnung, des Glaubens und der

Erneuerung des Lebens. Für Kinder ist er der Spender all der herrlichen, heißersehnten Dinge, die sie unter seinen grünen Zweigen zu finden hoffen. Den Ausdruck selbstvergessener Freude zu sehen, den das Gesicht eines Kindes beim ersten Anblick des geschmückten und erleuchteten Weihnachtsbaums annimmt, ist an sich schon ein Wunder und der schönste Lohn für die wochen-, ja oft monatelangen Vorbereitungen.

Beim Lesen dieses Buches können Sie all dies noch einmal erleben. Es beginnt mit einem historischen Exkurs und endet mit einer Sammlung der schönsten und ungewöhnlichsten Weihnachtsbäume, die wir in verschiedenen Ländern der Welt entdeckten.

Im Mittelpunkt steht dabei der Schmuck, der dem an sich so bescheidenen Baum erst seinen Glanz verleiht. Beim Betrachten der zahlreichen hier vorgestellten Beispiele, etwa dem von Hunderten winziger, weißer Lichter erleuchteten Baum vor dem New Yorker Rockefeller Centre, dem prächtigen Baum in den Pariser Galéries Lafayette, dem mit goldenen sowie purpurfarbenen Reben geschmückten Baum im Laden des New Yorker Juweliers Asprey, dem in Sackleinen gehüllten Baum in der Londoner Tate Gallery oder der ungewöhnlichen Baumskulptur des Pariser Modeschöpfers Valentino, werden gewiß auch Sie Ihren Favoriten finden, und es werden vielleicht auch Erinnerungen an vergangene Weihnachtsfeste geweckt.

Denn was wäre Weihnachten ohne diesen bunten Baum, von dem ein ganz eigener Zauber ausgeht und um den sich die ganze Familie während dieser besonderen Zeit des Jahres versammelt?

Möge dieses Buch Sie dazu anregen, Ihren Baum für das bevorstehende Fest auf neue und außergewöhnliche Weise zu schmücken, und mögen Sie dabei Frieden und Glück finden.

Seite 8/9: Damals wie heute sind die Kinder vom Anblick des von Kerzen erleuchteten Weihnachtsbaums fasziniert.
Rechts: Im viktorianischen Zeitalter versammelte sich die Familie am Weihnachtsabend nach dem Essen vor dem Baum, wo man sich dann gegenseitig die Geschenke überreichte

Links: Der in einer Kapelle abgebildete Bischof war ein Zeichen dafür, daß sich das Weihnachtsfest von einem heidnischen Brauch zur Feier der Geburt Christi gewandelt hatte.
Oben: Titelblatt zu dem Weihnachtslied *The Christmas Tree* (Der Weihnachtsbaum). Die Melodie stammt von J. E. Carpenter, der Text von Henry Farmer. Bemerkenswert ist die französische und englische Flagge, die einträchtig nebeneinander am Baum hängen.
Seite 14 und 15: Im viktorianischen Zeitalter bekam jedes Kind einen eigenen kleinen Baum, der – wie auf diesen Bildern – von der Mutter mit Äpfeln und Kerzen geschmückt wurde. Die Illustrationen fertigte Pauline Baynes für die *Illustrated London News* (Londoner Illustrierte Zeitung) an.

Die Geschichte des Weihnachtsbaums

Es war der immergrüne Tannenbaum mit seinem auch zur Winterszeit beständigen Kleid, den man vor mehr als 500 Jahren zum ersten Mal aus dem Wald nach Hause trug, um ihn für das Weihnachtsfest zu schmücken. Und bis heute geht von ihm ein Zauber aus, der Kinder und Erwachsene gleichermaßen in seinen Bann zieht. Obwohl sich die Wissenschaft seit langem darum bemüht, die Herkunft dieser Tradition zu ergründen, liegt auch heute noch vieles im Dunkeln, und es ranken sich zahllose Mythen um diesen Brauch.

Die Ursprünge

Erstmals tauchten kleine, immergrüne Bäume, die mit brennenden Kerzen, Spielzeug und hübschem Schmuck herausgeputzt waren, im Jahr 336 v. Chr. anläßlich der sogenannten Saturnalien auf, einem ausgelassenen Fest, das die Römer vom 17. bis zum 24. Dezember zu Ehren Saturns, des Gottes der Aussaat, feierten und das auch das Fest der »Heiligen Nächte« genannt wurde.

Jeder sammelte in seiner unmittelbaren Nachbarschaft immergrüne Pflanzen, vor allem Efeuranken, Mistel- und Lorbeerzweige, und hängte sie rund um das Haus auf. Anfang Januar fand dann das Fest der Kalenden statt, bei dem man sich gegenseitig mit kleinen Gaben beschenkte. Dabei durfte normalerweise ein Stechpalmenzweig – der als Symbol der Unsterblichkeit galt – oder eine andere immergrüne Pflanze nicht fehlen.

Die Perser huldigten Mithra, der Göttin des Lichts, und entzündeten zur Zeit der Wintersonnwende große Feuer, die daran erinnern sollten, daß die Sonne – und damit der Wohlstand – wiederkäme. Und in Ägypten stellte man Palmen in den Häusern auf, denn sie symbolisierten den Sieg des Lebens über den Tod.

In Nordeuropa verehrte man Wotan als Gott der Fruchtbarkeit, und auch bei den heidnischen Stämmen durfte

zum Zeitpunkt der Wintersonnenwende eine immergrüne Pflanze im Haus nicht fehlen. Tannen-, Fichten- oder Kiefernzweige wurden an der Eingangstür, in den Ställen und Wohnräumen aufgehängt, ein Brauch, der nicht nur der Verschönerung diente, denn den immergrünen Pflanzen wurden auch magische Kräfte zugeschrieben, die vor bösen Geistern und Krankheit schützen sollten.

Der Baum in der Mythologie

Um den Baum, vor allem aber um den Weihnachtsbaum, ranken sich zahlreiche Mythen. In früheren Zeiten galten Bäume als beseelte Wesen oder als Orte, in denen Geister hausten. Und auch die Bibel kennt zwei wichtige Bäume: den Baum des Lebens und den Baum der Erkenntnis.

Ein arabischer Geograph will um das Jahr 1000 beobachtet haben, wie eine Gruppe von Kirschbäumen mitten im Winter während der Nacht vor Christi Geburt Blüten und Früchte trug. Eine junge Frau aus dem Dorf deutete dies als Anzeichen für bevorstehendes Unheil. Eine Reihe von Wissenschaftlern brachten diesen Mythos in Zusammenhang mit der Geschichte von Maria und Josef, die durch einen Garten mit Kirschbäumen gegangen sein sollen, an denen reife Früchte hingen. Maria bat Josef, ihr einige der herrlichen, roten Kirschen zu pflücken. Doch eingedenk der Prophezeiung der jungen Frau schlug er ihr diesen Wunsch aus. Da bogen sich die Zweige der Kirschbäume nach unten, so daß Maria die Früchte selbst pflücken konnte. Seitdem ist der Kirschbaum der Jungfrau Maria geweiht.

In England fand diese Geschichte Eingang in eines der ersten Mysterienspiele, das in Coventry aufgeführt wurde. In zahlreichen anderen Mysterienspielen, in denen die Geburt Christi nachgestellt wurde, spielte auch der Nadelbaum eine Rolle, der gewöhnlich mit Äpfeln und brennenden Kerzen geschmückt war und als »Heiliger Baum« oder »Paradiesbaum« bezeichnet wurde.

Ein altes deutsches Märchen erzählt von einem großherzigen Förster und seiner Familie, die in einer bitterkalten Winternacht in ihrem bescheidenen Häuschen schliefen. Plötzlich klopft es an der Tür. Der Förster öffnet, und vor ihm steht zitternd ein kleines Kind. Er nimmt es mit ins Haus, gibt ihm zu essen und zu trinken und ein warmes Bett für die Nacht. Als die Familie am nächsten Morgen von den Klängen eines Chorals geweckt wird, wird sie sich bewußt, daß es sich bei dem Kind um das Christkind handelt. Beim Abschied bricht das Kind dann einen Zweig von einem der Bäume ab, pflanzt ihn ein und verheißt dem Förster, daß er den ganzen Winter Früchte tragen wird. Auch hier steht der Baum als Symbol der Wiedergeburt.

Eine andere Sage rankt sich um den Reformator Martin Luther. Er soll an einem sternenklaren Weihnachtsabend durch den Wald nach Hause gegangen sein. Dort angekommen, schmückte er den Baum für seine Familie mit unzähligen Kerzen als Symbol für den Sternenhimmel.

Frühe Vorläufer des Weihnachtsbaums

Obwohl die Kirche versuchte, den Weihnachtsbaum als unchristlich zu verbieten, hielten die ehemals heidnischen Völker auch nach ihrer Christianisierung an dem Ritus fest, ihre Häuser zur Zeit der Wintersonnwende mit immergrünen Pflanzen zu schmücken, und so wandelte er sich allmählich von einem Fruchtbarkeitsritus zu einem Brauch zu Ehren der Geburt Christi. Seither wird der Baum auch von einem silbernen Stern gekrönt, der den Stern von Bethlehem, dem Geburtsort Jesu, symbolisieren soll. Heute feiern weltweit mehr als 1,5 Milliarden Christen die Geburt des Heilands.

Die Historiker gehen davon aus, daß der Vorläufer des Weihnachtsbaums ein immergrüner Zweig war, der mit brennenden Kerzen und Äpfeln geschmückt wurde, ein Schmuck, der sich bis zu den römischen Saturnalien zurückverfolgen läßt.

Ursprünglich war der Baum allerdings mit den heidnischen Wintersonnwendfeiern verbunden. In Europa haben sich daraus die unterschiedlichsten Traditionen entwickelt, zum Beispiel den mit Äpfeln, Birnen, Oblaten, Honigkuchen, Goldfolie, bunt bemalten Walnüssen und Papierfiguren behängten Baum nach einer fröhlichen, dörflichen Neujahrsprozession zu schütteln, damit die Kinder die herabfallenden Geschenke aufheben können. Auch hier ist die symbolische Bedeutung augenfällig: Die Früchte und das Gebäck standen für eine reiche Ernte.

Die Anfänge des häuslichen Weihnachtsbaums

Aufzeichnungen eines Haushaltsvorstandes aus dem elsässischen Türckheim aus den Jahren 1597 bis 1669 belegen, daß man bereits im Mittelalter Aufwendungen für Weihnachtsschmuck verzeichnete: »Ausgaben für Äpfel, Oblaten, buntes Papier und Faden zum Schmücken von Weihnachtsbäumen ...«

Seite 16: Diese Postkarte aus der viktorianischen Zeit zeigt einen mit Rotkehlchen und Stechpalmenzweigen geschmückten Baum.

Unten: Ein Engel schwebt über diesem mit verschiedenstem Spielzeug behängten Baum.
Seite 18 und 19: Spielsachen, Kindergesichter und Fahnen waren zur viktorianischen Zeit beliebte Motive auf Weihnachtskarten.
Seite 20/21: Dieses herrliche Gemälde von David Jacobsen zeigt den Verkauf von Weihnachtsbäumen auf dem Markt einer Kleinstadt im ausgehenden 19. Jahrhundert.

A merry

All the Season's blessings.
All the Season's Joy;
True Love's own Caressings.
Bliss without Alloy.

Im Bericht eines Reisenden, der im Jahr 1605 durch das Elsaß fuhr, ist zu lesen: »In Straßburg stellt man zur Weihnachtszeit Nadelbäume in den Wohnstuben auf, die mit Papierrosen, Äpfeln, Oblaten und Zuckerwerk behängt werden.«

Im 16. Jahrhundert wurde es in vielen europäischen Gilden Brauch, die Versammlungsräume zur Weihnachtszeit mit kleinen, immergrünen Bäumen zu schmücken. Bis zum Ausbruch des Dreißigjährigen Krieges erfreute sich der Weihnachtsbaum sogar so großer Beliebtheit, daß man dem Fällen der Bäume Einhalt gebieten mußte. So wurde es beispielsweise den Bewohnern des elsässischen Ammerchweier bereits 1561 untersagt, Bäume über 2,5 Meter Höhe zu fällen. Wie bei vielen anderen ursprünglich heidnischen Weihnachtsbräuchen gibt es allerdings auch hier Gründe zu der Annahme, daß solche Erlasse von der Kirche ausgingen, die die Pflege dieser Tradition mit wachsendem Argwohn betrachtete.

In der Anfangszeit waren die Weihnachtsbäume noch klein und wurden, wie die Zweige, die das Haus vor bösen Geistern schützen sollten, an der Decke aufgehängt. Ein ganzer Baum versprach allerdings einen weitaus größeren Schutz als ein einzelner Zweig. Hatte man sie ursprünglich mit der Spitze nach unten aufgehängt, ging man um die Mitte des 16. Jahrhunderts dazu über, sie an der Spitze aufzuhängen.

Dieser Brauch kam jedoch Mitte des 18. Jahrhunderts aus der Mode – möglicherweise, weil die Decken in den Wohnungen der mittelständischen Familien einen schweren Baum nicht tragen konnten –, und man begann, den Baum auf einen Tisch zu stellen.

Zeugnisse aus der Zeit um die Mitte des 16. Jahrhunderts berichten von pyramidenförmigen Gestellen, die aus Nutzholz gefertigt, anschließend mit verschiedenen immergrünen Zweigen, etwa Buchsbaum-, Tannen-, Fichten- oder Kiefernzweigen, umwickelt und mit buntem Papierschmuck, Kerzen und einem Rauschgoldengel geschmückt wurden.

In den skandinavischen Ländern pflegte man anläßlich der Wintersonnwende einen anderen Brauch. Dort fertigten die Bauern aus den letzten Ähren, die sie auf den Feldern einsammelten, eine mannsgroße Puppe. Sie wurde im Haus des Bauern wie ein Ehrengast behandelt, saß während des Weihnachtsmahles neben dem Hausherrn und bekam Speisen und Getränke vorgesetzt. Ähnlich machen es auch viele Briten in Erwartung des Besuchs von Santa Claus, für den sie am Weihnachtsabend Essen und Wein bereitstellen. Später wurde die Puppe auf dem Dachfirst oder der Scheune befestigt. Fraßen die Vögel die Körner, war das ein gutes Omen und deutete auf eine reiche Ernte hin. Mitte des 17. Jahrhunderts breitete sich dieser Brauch von den ländlichen Gebieten auch in die Städte

Oben: Ein besonders hübscher Christbaumschmuck ist dieser Cherub mit goldenem Schweif. *Seite 23:* Auf der Weihnachtskarte aus der viktorianischen Zeit zeigt sich einmal mehr, daß Weihnachten vor allem als Fest der Kinder galt.

A Joyous Christmas
Such a feast of fun and laughter,
Such a wealth of real good cheer,
Be your lot this day and after,
Till the close of another year.

aus, und Strohpuppen auf Kiefern- oder Fichtenstangen waren während der trostlosen Winterzeit ein häufiger Anblick.

Der Weihnachtsbaum tritt seinen Siegeszug an

Allmählich übernahmen auch die wohlhabenden Kreise den zunächst nur an den deutschen Königshöfen gepflegten Brauch, zur Weihnachtszeit einen geschmückten Baum im Haus aufzustellen. Und so finden sich in der deutschen Literatur, etwa bei Goethe und Schiller, zunehmend auch Beschreibungen von Weihnachtsbäumen.

Als Überbringer der Geschenke gelten noch heute das Christkind (in den katholischen Gegenden Süddeutschlands) und der Weihnachtsmann (im überwiegend protestantischen Norddeutschland). Der geschmückte Weihnachtsbaum wurde zum Mittelpunkt des Weihnachtsfestes und entwickelte sich zu einer Tradition, die bis heute mit großer Freude, großem Aufwand und großem Ideenreichtum gepflegt wird.

Der Christbaumschmuck hat sich allerdings im Laufe der Jahrzehnte verändert. So verzichtet man heute beispielsweise mehr und mehr auf das früher so beliebte Lametta, da es nur schwer zu entsorgen ist (was viele Kinder, aber auch Erwachsene nur begrüßen, denn die silbernen Fäden mußten ordentlich über die Zweige gehängt werden – eine mühsame und bisweilen auch ermüdende Arbeit).

Mitte des 19. Jahrhunderts gab es in nahezu jedem deutschen Haushalt einen geschmückten Weihnachtsbaum. Historisch ging dies einher mit dem Ausbau des Schienennetzes von den ländlichen Gegenden in die rasch wachsenden Städte. Hatte bislang jeder immergrüne Baum als Christbaum gedient, ging man nun dazu über, Tannen, Fichten und Kiefern eigens zu züchten, um die neuen städtischen Märkte mit Weihnachtsbäumen versorgen zu können. 1851 berichtete die Berliner Tageszeitung erstmals über die Anlieferung von Nadelbäumen auf den örtlichen Märkten. Etwa zur gleichen Zeit hielt der Weihnachtsbaum auch in Finnland, Dänemark, Schweden und Norwegen Einzug. Angesichts der ständig wachsenden Beliebtheit, derer er sich im ausgehenden 19. Jahrhundert erfreute, beschloß nun auch die Kirche, den Baum in ihre Feiern mit einzubeziehen. Und so stand schon bald in jeder Kirche ein von den Gemeindemitgliedern geschmückter Christbaum. In der Folgezeit entwickelte sich der Baum mehr und mehr zu einem Statussymbol, und die Bäume wurden zunehmend größer, denn ein möglichst großer, mit vielen Kerzen und Geschenken geschmückter Baum war Ausdruck des Wohlstands einer Familie und steigerte ihr Ansehen. Nun galt es, Wege zu finden, den Bäumen einen festen Stand zu geben. Im Jahr 1866 wurden in Deutschland die ersten schmiedeeisernen Christbaumständer patentiert, aus denen dann im Laufe der folgenden Jahre immer ausgefeiltere Modelle hervorgingen, darunter auch solche, die mit Drehmechanismus und einer Spieluhr ausgestattet waren.

Seite 24: Der Weihnachtsmann in einem prachtvoll bestickten Gewand.
Links: Mit großer Zufriedenheit betrachtet der Engel die Szene unter dem festlich geschmückten Baum.

Frankreich

Einem frühen Zeugnis zufolge soll Jérôme Bonaparte, der exzentrische Bruder Napoleons I., den Christbaum während seiner Regentschaft als König von Westfalen mit Briefen behängt haben, die Geschenke für seine Lieblingshöflinge enthielten. Liselotte von der Pfalz wollte den Brauch, Weihnachtsbäume aufzustellen, im Jahr 1709 auch am französischen Hof einführen, stieß damit jedoch auf Ablehnung, da man dies als eine kostspielige deutsche Gepflogenheit erachtete.

Anderen Berichten zufolge ließ Prinzessin Helene von Mecklenburg, die Herzogin von Orléans, 1840 den ersten Weihnachtsbaum in den Pariser Tuilerien aufstellen. Nach 1870 fand er, vermutlich durch den Zuzug elsässischer Familien, auch in Frankreich größere Verbreitung. Um 1890 wurden während der Vorweihnachtszeit in Paris zwischen 30 000 und 35 000 Weihnachtsbäume verkauft.

England

Im Jahr 1516 stellte man am Hof Heinrichs VIII. erstmals einen prächtigen, goldenen, mit Rosen und Granatäpfeln geschmückten Baum auf. Eingeführt wurde der Weihnachtsbaum vermutlich aber von Prinzessin Charlotte von Mecklenburg-Strelitz, der Gemahlin König Georgs III. Sie schmückte kleine Nadelbäume mit winzigen Wachspuppen, Mandeln, Rosinen und Kerzen. Ihre Nichte, die spätere Königin Viktoria, vermerkte 1833 in ihrem Tagebuch: »Auf zwei großen, runden Tischen standen Bäume, die mit Kerzen und Zuckerwerk geschmückt waren.«

Königin Viktoria und ihr Gemahl Prinz Albert gehörten dann auch mit zu den ersten, die diese Tradition in England zu pflegen begannen. Um seine Frau und seine beiden kleinen Kinder an diesem Brauch, der zu den Höhepunkten seiner Kindheit gehörte, teilhaben zu lassen, ließ Prinz Albert 1841 einige kleine Christbäume aus seiner Heimat Coburg kommen, um sie in Windsor Castle aufzustellen. Einen dieser Bäume plazierte man in einer Ecke, schmückte ihn mit Früchten, Blumen, Girlanden, Vögeln, kleinem Glasschmuck, Papierrosen und winzigen Kerzen, die den Raum in ein warmes Licht tauchten. Und über dem Ganzen schwebte ein wunderhübscher Engel. Dieser »Baum der Liebe«, wie man ihn bei Hofe nannte, wurde für die königliche Familie während der Ferien, die man stets auf Windsor Castle verbrachte, zu einem Mittelpunkt.

Es gibt aber auch einige Zeugnisse, die belegen, daß man den Weihnachtsbaum schon vorher in England kannte. So berichtete etwa der Schriftsteller William Howlett Anfang des 19. Jahrhunderts in der Zeitschrift *The Rural Life of England* (Das ländliche Leben in England) von deutschen Siedlern, die diese Tradition in Nordengland einführten. Aus Aufzeichnungen deutscher Kaufleute, die sich in Manchester niedergelassen hatten, geht ebenfalls hervor, daß sie ihre Familien und Freunde schon in den 30er Jahren des vorigen Jahrhunderts mit diesem Brauch bekannt machten. Richtig in Mode kam der Weihnachtsbaum im viktorianischen England allerdings erst durch den Königshof. 1848 erschien in *The Illustrated London News* (Illustrierte Londoner Zeitung) ein Foto, das die Königin und ihre Familie vor einem erleuchteten Christbaum zeigt. Königin Viktoria wird dabei mit den Worten zitiert: »Heute habe ich zwei eigene Kinder, die ich beschenken kann und die glücklich und staunend vor dem deutschen Weihnachtsbaum mit seinen leuchtenden Kerzen stehen.«

Es dauerte nicht lange, bis auch der Hofstaat und in der Folge auch das Volk diesen Brauch übernahm. Charles Dickens, der gefeierte Autor und Kritiker der sozialen Mißstände dieser Zeit, sah im Weihnachtsbaum zwar ein »neumodisches deutsches Spielzeug«, beschrieb aber dennoch in zahlreichen seiner Werke, darunter etwa die *Skizzen von Boz, Die Pickwickier* und das beliebte philosophische Märchen *Ein Weihnachtslied*, verschiedene Christbäume. In den 50er Jahren des letzten Jahrhunderts erschienen dann die ersten Kinderbücher mit Weihnachtsgeschichten und Anleitungen zum Basteln von Weihnachtsschmuck.

Heute gibt es eine Vielzahl farbenprächtig illustrierter Bücher, die uns Anregungen für selbstgefertigten Christbaumschmuck, Weihnachtskarten und für Tisch- und Zimmerdekorationen liefern. Und auch die Haltung der Kirche hat sich inzwischen verändert. Prangert sie doch heute die Pflege dieser Tradition nicht mehr als Verschwendungssucht an, sondern lädt die Familien ihrer Gemeinden vielmehr sogar dazu ein, das Fest in den Gotteshäusern gemeinsam zu feiern.

Die Tradition in Deutschland

Als erster deutscher Königshof räumte das Haus Hannover dem Weihnachtsbaum einen ehrenvollen Platz ein. In einem Brief, den Liselotte von der Pfalz, die Schwägerin König Ludwigs XIV., 1708 an ihre Tochter schrieb, erinnert sie sich an eine Weihnachtsfeier, die sie 1662 am Hannoverschen Hof miterlebte: »Auf den kleinen Tischen, die man eigens für die Weihnachtsgeschenke hergerichtet hatte, standen kleine Buchsbäume, auf deren Zweige man Kerzen gesteckt hatte.«

Nachdem sich der geschmückte Weihnachtsbaum bei Hofe als Brauch etabliert hatte, kam er zunächst auch bei den wohlhabenden mittelständischen Kreisen in Mode und wurde bald darauf – als Kerzen und Christbaumschmuck preiswerter und in größeren Mengen angeboten wurden – von der gesamten Bevölkerung übernommen.

Zu jedem Weihnachtsfest verteilte die Königin Marie aus dem Hause Hannover (Gemälde um 1905) Geschenke an die Armen. Sie war für ihre Großzügigkeit und Güte bekannt.

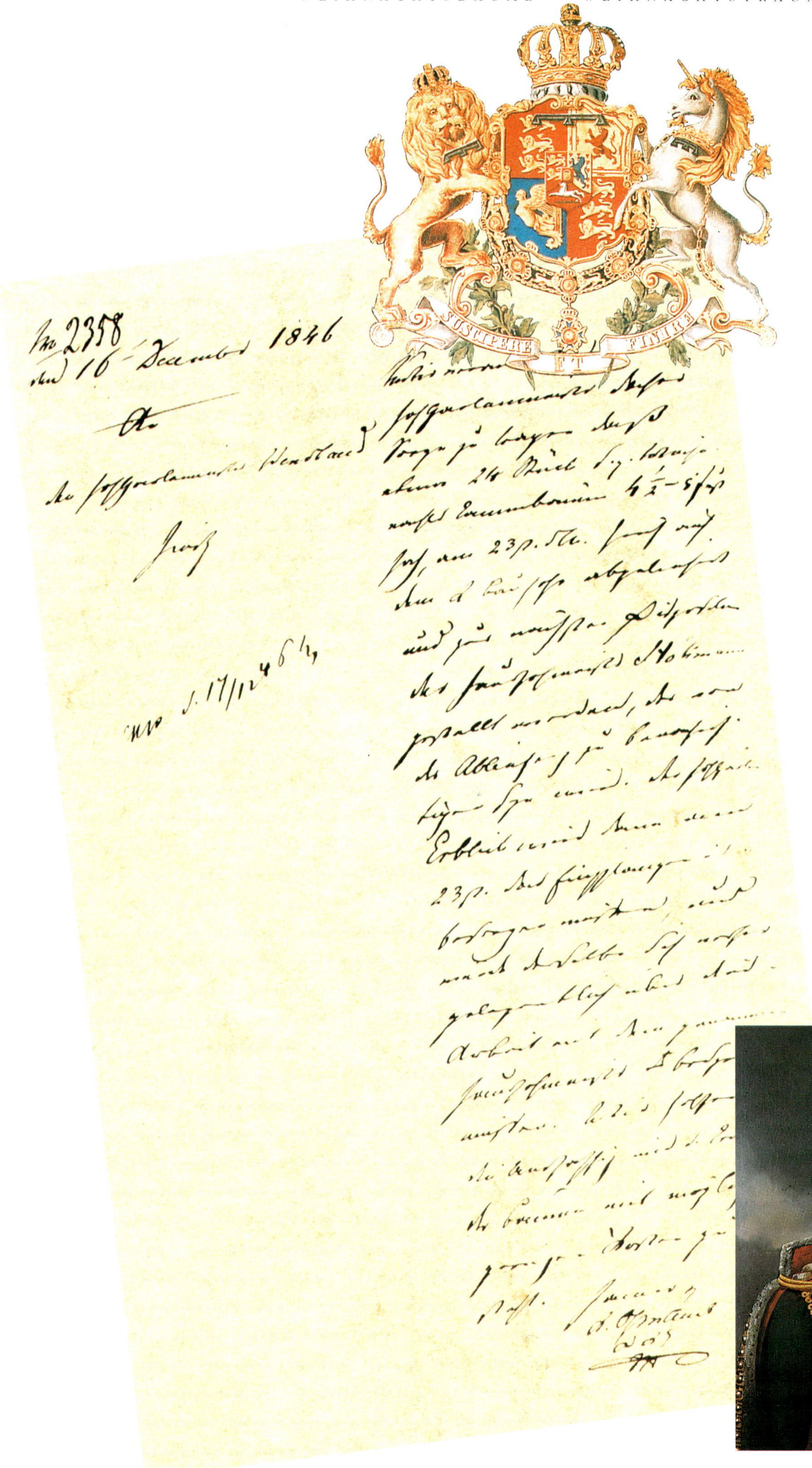

No 2358
den 16. December 1846

An

den Hofgartenmeister Wendland

16. Dezember 1846
An den Hofgartenmeister
Wendland

Wir beehren uns, den Hofgartenmeister davon in Kenntnis zu setzen, daß am 23. des Monats etwa 24 Stück sogenannter Weihnachtsbäume von je 4 1/2 bis 5 Fuß Höhe an die Königliche Zimmerwerkstatt geliefert wurden. Da die Bäume in die Zuständigkeit des Hofmarschalls Herrn Stockmann fallen, ist dieser unverzüglich von der Anlieferung zu unterrichten. Der Hofgartenmeister wird gebeten, die Bäume am 23. des Monats aufstellen zu lassen und dem Hofmarschall über den Fortgang der Arbeiten Bericht zu erteilen. Wir sind gehalten, bei diesem Vorhaben so vorzugehen, daß möglichst nur geringe Kosten entstehen.

Das Büro Seiner
Königlichen Hoheit

Seite 28 und 29: frei übersetzt nach den Dokumenten

Seite 28: Das Wappen des Hauses Hannover; König Ernst August von Hannover und Originaldokumente aus den Archiven des Hauses Hannover, die Anweisungen bezüglich der Ausgaben für den Schmuck von Weihnachtsbäumen enthalten.

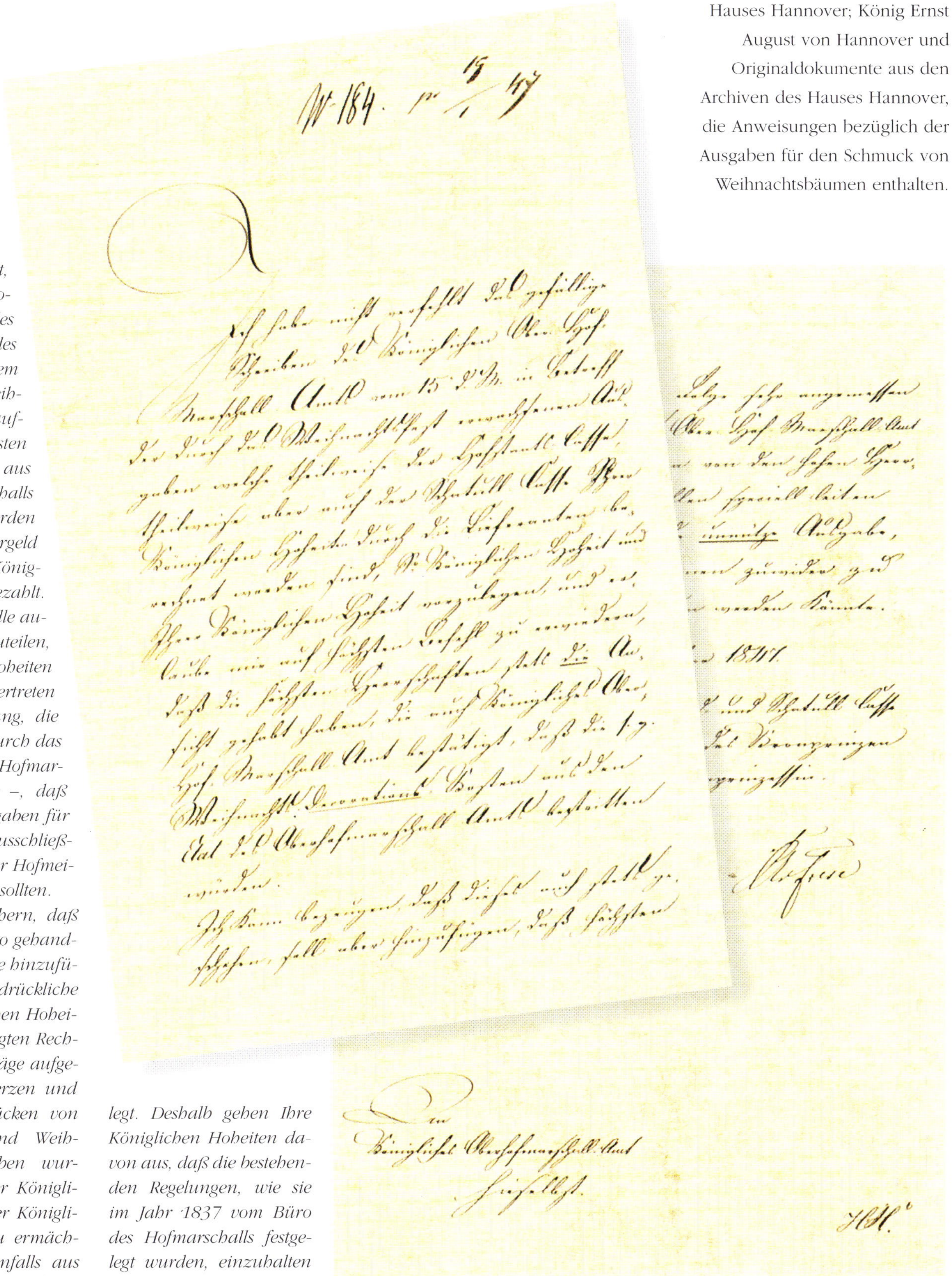

Ich habe nicht verfehlt, Seiner Königlichen Hoheit das Schreiben des Hofmarschalls vom 15. des Monats vorzulegen, in dem die Kosten für die Weihnachtsfeierlichkeiten aufgelistet sind. Diese Kosten wurden zum Teil bar aus der Kasse des Hofmarschalls beglichen, zum Teil wurden die Lieferanten in Bargeld aus den Kassen Ihrer Königlichen Hoheiten ausbezahlt. Ich bin von höchster Stelle autorisiert, Ihnen mitzuteilen, daß Ihre Königlichen Hoheiten stets die Auffassung vertreten haben – eine Auffassung, die mir im übrigen auch durch das Büro des Königlichen Hofmarschalls bestätigt wurde –, daß diese sogenannten Ausgaben für Weihnachtsschmuck ausschließlich aus dem Budget der Hofmeisterei beglichen werden sollten. Ich kann Ihnen versichern, daß dies bislang auch stets so gehandhabt wurde, und möchte hinzufügen, daß dies der ausdrückliche Wunsch Ihrer Königlichen Hoheiten war. In den beigefügten Rechnungen sind auch Beträge aufgeführt, die für Wachskerzen und Marzipan zum Schmücken von Weihnachtsbäumen und Weihnachtstischen ausgegeben wurden. Auf Wunsch Ihrer Königlichen Hoheiten wird der Königliche Hofmarschall dazu ermächtigt, diese Beträge ebenfalls aus der Kasse der Hofmeisterei zu begleichen.

Unterdessen haben Ihre Königlichen Hoheiten das Büro des Königlichen Hofmarschalls ausdrücklich angewiesen, bei dieser Gelegenheit Ihre Wünsche bezüglich des Christbaumschmucks darzulegen: Wie die Bäume geschmückt werden sollen, ist nirgends festgelegt. Deshalb gehen Ihre Königlichen Hoheiten davon aus, daß die bestehenden Regelungen, wie sie im Jahr 1837 vom Büro des Hofmarschalls festgelegt wurden, einzuhalten sind. Wo immer einzelne Posten auf diesen Rechnungen zu hoch erscheinen, liegt die Verantwortung beim Königlichen Schatzmeister Stockmann, der es versäumt hat, bei Ihren Königlichen Hoheiten eine entsprechende Bewilligung einzuholen. Es ergeht deshalb noch einmal die dringende Ermahnung, jede unnötige Ausgabe zu vermeiden. Das Büro des Königlichen Hofmarschalls wird dringend ersucht, in dieser Angelegenheit Nachforschungen anzustellen und Ihre Königlichen Hoheiten nach Ihren Wünschen zu befragen, damit gewährleistet ist, daß Ihren Absichten ubedingt entsprochen wird.

Hannover, den 18. Januar 1847

Das Büro des Schatzmeisters
Ihrer Königlichen Hoheiten des
Kronzprinzen und
der Kronprinzessin

Das Büro des
Königlichen Hofmarschalls

Die Tradition in Amerika

Es waren deutsche Einwanderer, die im Jahr 1607 die europäischen Bräuche zunächst in die Stadt Virginia brachten, wo sie Julfeuer entzündeten und ihre Häuser mit immergrünen Girlanden schmückten. Der Weihnachtsbaum gelangte allerdings erst 1747 mit Ankunft der ersten mährischen Siedler in Pennsylvania in die Neue Welt und wurde dort sehr bald fester Bestandteil des Weihnachtsfestes. Den frühen Siedlern dienten noch hölzerne Pyramiden, die sie mit Äpfeln und Kerzen schmückten, als Christbäume.

Historischen Zeugnissen zufolge ließ der aus Irland eingewanderte Captain Whistler an einem Wintertag des Jahres 1804 in der Nähe von Michigan eine Kiefer fällen, die seine Soldaten, nachdem sie diese mühsam durch einen Fluß in das Lager transportiert hatten, für ihre Weihnachtsfeier herausputzten.

Im Jahr 1830 stellten Mitglieder der angesehenen Frauenvereinigung Dorcas Society in York einen Baum für die Öffentlichkeit auf und luden die Bevölkerung ein, ihn sich anzusehen. Zwei Jahre später beglückte Charles Follen, ein politischer Flüchtling aus Deutschland und Lektor an der Harvard-Universität in Boston, Massachusetts, seine Familie und seine Freunde mit einem Baum, den er zuvor im Wald geschlagen hatte. Dazu schreibt seine Frau in ihren 1842 veröffentlichten Memoiren:

Seit Charles zwei Jahre alt war, hatte sein Vater jedes Jahr einen Baum für ihn aufgestellt, wie es in seiner Heimat Sitte ist. Für ihn war das stets der schönste Tag des Jahres. Der Vater scheute weder Mühe noch Zeit, den Baum so schön wie möglich herauszuputzen.

Die ganze Familie war damit beschäftigt, Christbaumschmuck anzufertigen. Zum Schluß setzte der Vater Wachskerzen auf die Zweige und achtete dabei sorgsam darauf, daß der Baum nicht in Flammen geriet. Alle Kinder aus dem Bekanntenkreis wurden eingeladen, sich den Baum anzusehen. Nach dem Tee ertönte eine Glocke, die Tür zu dem Zimmer, in dem der Baum stand, wurde geöffnet, und die Kinder traten ein. Dr. Follen stellte sich immer so hin, daß er ihre Gesichter sehen konnte, wenn sie den Raum betraten. Denn am schönsten sah der Baum für ihn in ihren Augen aus. Wenn die Kerzen niedergebrannt und die Süßigkeiten vom Baum verteilt waren, tanzten oder spielten die Kinder den Rest des Abends.

Ein Gast, der bei diesem Weihnachtsfest zugegen war, erinnerte sich:

Außen auf den Zweigen brannten vierundachtzig Wachskerzen, und der Baum war über und über mit kleinen Körbchen, vergoldeten Eierschalen und Füllhörnern aus Papier geschmückt, die mit Süßigkeiten und Spielsachen gefüllt waren. Ich bin mir ziemlich sicher, daß der Weihnachtsbaum hier in Neuengland zu einem der beliebtesten Exoten werden wird.

Im Jahr 1834 brachte ein gewisser Doktor Constantin Hering aus Leipzig den Weihnachtsbaum in seine neue Heimat Philadelphia. Über 50 Jahre versammelte er von da an enge Freunde und Patienten an bestimmten Abenden um seinen geschmückten Baum.

Der Wunsch nach einem echten, immergrünen Weihnachtsbaum wurde vermutlich durch das 1845 veröffentlichte Kinderbuch *Kris Kringle's Christmas Tree* (Kris Kringles Weihnachtsbaum) geweckt.

Der ursprünglich deutsche Brauch breitete sich bald von Pennsylvania über viele andere amerikanische Staaten aus, und um 1850 war ein bunt geschmückter Baum der letzte Schrei. In zahlreichen, heute noch erhaltenen amerikanischen Familienchroniken werden Ausflüge in die Wälder beschrieben, wo man einen kleinen Nadelbaum für das Weihnachtsfest schlug.

Der kommerzielle Handel mit Weihnachtsbäumen ist erstmals im Jahr 1850 belegt. Mark Carr, ein Waldbauer aus den in den Appalachen gelegenen Catskill Mountains, zog damals mit Ochsengespannen, die zwei Fuß hoch mit jungen Nadelbäumen beladen waren, nach Manhattan, und die Bäume waren binnen weniger Stunden ausverkauft. Während er für seinen Verkaufsplatz, Ecke Greenwich und Vesey Street, einen Silberdollar bezahlte, mußte man im Jahr 1890 für zwei Wochen auf demselben Straßenstück bereits 100 Dollar entrichten. 30 Jahre später boten dann schon über 650 Händler ihre Weihnachtsbäume auf den Straßen Manhattans zum Kauf an.

Heute sind die zu hohen Bergen aufgetürmten Christbäume während der Weihnachtszeit auf den bisweilen tief verschneiten Straßen ein ganz alltäglicher Anblick, und die Händler halten Bäume in jeder Größe bereit und kürzen Ihnen auf Wunsch den Stamm oder überstehende Zweige – ein Service, der vor allem in Amerika beliebt zu sein scheint, denn in Europa verzichtet man weitgehend darauf, die Zweige zurechtzuschneiden. Damit sie sich leichter transportieren lassen und ihre Form nicht verlieren, werden die Bäume anschließend in ein Netz gehüllt. Entfernt man das Netz zu Hause, entfalten sich die Zweige innerhalb von wenigen Stunden und nehmen wieder ihre natürliche Stellung ein.

Als erster amerikanischer Präsident ließ der aus New Hampshire stammende Franklin Pierce im Jahr 1856 einen Weihnachtsbaum im Weißen Haus in Washington aufstellen. Er begründete damit eine Tradition, die von allen seinen Amtsnachfolgern fortgeführt wurde, die zusammen mit ihren Familien stets ihren ganz persönlichen Christbaum gestalteten. In jüngster Zeit konnte man in den verschiedenen Räumen des Weißen Hauses bisweilen sogar bis zu zwanzig Bäume zählen.

Ein Bericht aus dem Jahr 1889 beschreibt den Augenblick der Enthüllung des Weihnachtsbaums des damaligen Präsidenten Harrison:

Meine Mutter gab uns ein Zeichen, und wir folgten ihr ins Wohnzimmer, das sich auf der anderen Seite des Ganges befand. Auf einem Tisch in der Mitte des Raumes stand ein großer, mit Lichtern, Spielsachen, Backwaren, Bonbons und anderen Süßigkeiten geschmückter Baum.

WEIHNACHTSBÄUME IN ALLER WELT

Auf den kleinen südpazifischen Inseln schneiden die Einheimischen kleine Sterne und Tiere aus grünen Blättern aus. Damit schmücken sie die Bananenbäume und behängen sie mit Ketten winziger elektrischer Lichter. Weil sie so hübsch anzusehen sind, läßt man die Lichterketten manchmal bis zu drei Monate lang an den Bäumen. In Australien sind Koalabären und Känguruhs, die

Der leuchtendrote Weihnachtsstern ist in Nordamerika zur Weihnachtszeit häufig als Baumschmuck oder in Töpfen neben dem Baum anzutreffen.

wie Weihnachtsmänner gekleidet werden, ein beliebter Christbaumschmuck. In Japan gelten kleine Spielsachen, mit denen man die Zweige des Neujahrsbaums behängt, als besondere Glücksbringer, und die Chinesen, die das Fest der Heiligen Geburt feiern, nennen ihren Weihnachtsbaum den »Baum des Lichts«.

In der Ukraine schmückt man die Bäume gerne mit Spinnen, die in ihrem Netz sitzen, und in der Provence/Frankreich wird der Weihnachtsbaum traditionell mit bunt bemalten Eierschalen behängt.

Ein alter Kupferstich in einem Archiv in Newport County, Rhode Island, zeigt einen märchenhaften Christbaum mit leuchtendroten Weihnachtssternblüten – eine noch heute hier beliebte Tradition.

Links: Perlenschnüre und kleines Spielzeug zieren diesen herrlichen Baum im Foyer des New Yorker Hotels The Lowell.
Oben: Golden schimmert das Gewand dieses Engels durch die grünen Nadeln.
Unten: Welche Überraschung diese hübsch verpackte Schachtel wohl enthalten mag?

Glitzernde Sterne und traditioneller Schmuck

Wer damit begann, zur Weihnachtszeit einen Baum so zu schmücken, wie wir es heute tun, läßt sich nicht genau sagen. Doch pflegten bereits die heidnischen Stämme ihre Bäume zur Zeit der Wintersonnwende mit Schmuck zu behängen. Das sollte ihnen neue Kraft verleihen, damit sie im kommenden Frühjahr möglichst viele Früchte trugen. Und in der Hoffnung auf eine reiche Ernte brachten die Druiden ihrem Gott Wotan Opfergaben in Form von Äpfeln und Walnüssen dar, die sie an immergrünen Zweigen aufhängten.

Um das Jahr 1605 ging man dazu über, Nadelbäume mit bunten Papier- oder Stoffblumen zu schmücken, was der Historiker Alexander Tille, der sich vor allem mit dem deutschen Brauchtum beschäftigte, auf einen alten Volksglauben zurückführte, demzufolge es als gutes Omen galt, wenn die ungeschmückten Zweige blütentragender Pflanzen, die man zur Winterzeit im Haus aufstellte, zu blühen begannen.

Im antiken Rom war es Sitte, daß man sich Anfang Januar mit kleinen Geschenken bedachte. Diese wurden meist ebenfalls an mit Blüten und Früchten geschmückten Zweigen befestigt. Heutzutage legen wir dagegen unsere Weihnachtsgeschenke unter den Baum oder verstecken sie in den Zweigen.

Wann der Baum geschmückt wird, ist von Land zu Land verschieden. Während er in Amerika und England bereits mindestens zwei Wochen vor Weihnachten aufgestellt wird, geschieht dies bei uns erst am 24. Dezember, und die Kinder dürfen ihn erst dann sehen, wenn die Eltern ihn geschmückt haben und sie mit einer kleinen Glocke herbeiholen. Für die Kinder in vielen europäischen Ländern beginnt das Weihnachtsfest allerdings bereits mit dem Nikolaustag am 6. Dezember oder, wie in

Glänzende Schleifen und die traditionellen Goldkugeln machen diesen prächtigen Baum im Foyer des New Yorker Hotels Jolly Madison Towers zu einem besonderen Anziehungspunkt. Die Päckchen darunter sind passend zum Baumschmuck mit roten und goldenen Bändern verschnürt.

Skandinavien, mit dem Santa-Lucia-Tag am 13. Dezember und erreicht am Heiligen Abend seinen Höhepunkt.

Die ersten deutschen Einwanderer, die sich im amerikanischen Pennsylvania ansiedelten, bezeichneten das Schmücken der Weihnachtsbäume noch mit dem deutschen Wort »Putzen«, und zu ihrem beliebtesten Christbaumschmuck zählte ein Gebäck aus Marzipan, Eiern, Gewürzen und gehackten Nüssen.

Zur Feier der Geburt Christi pflegten sie unter dem Baum außerdem eine Krippenlandschaft mit einem von Hügeln umgebenen Dorf, einer Kirche, einem Schloß, Menschen und Tieren aufzustellen. In Italien und Spanien ist die Krippe der eigentliche Mittelpunkt der Weihnachtsfeier, und der Baum tritt etwas in den Hintergrund. Heute schmückt man die Weihnachtsbäume in Amerika gerne mit einem *tree skirt*, das ist ein rotes oder grünes Stück Filz oder ein bedruckter Stoff, der bisweilen auch wattiert ist und mit weißen Punkten versehen wird, die Schneeflocken symbolisieren sollen.

Der Christbaumschmuck im Wandel der Zeit

Der frühe Christbaumschmuck bestand aus einfachsten Materialien, die zumeist die Natur lieferte. Dazu gehörten etwa Nüsse, Früchte, Blüten und Tannenzapfen. Daneben

Oben: Diese Detailaufnahme des auf Seite 34 abgebildeten Baums zeigt eine Traube vergoldeter Beeren.
Unten: Zwischen den grünen Zweigen schimmern goldene Kugeln hindurch.
Seite 36 und 37: Es scheint, als schwebten die goldenen Engel und Cherubinen von den Zweigen dieser beiden barock geschmückten Bäume herab. Dazwischen leuchten goldene Sterne.

Seite 38: Durch die blauen Kugeln und Schleifen wirkt dieser Baum ausgesprochen edel.
Oben und links: Glitzernder Kristall- und Metallschmuck verleiht diesem Baum einen besonderen Glanz.

fand man aber auch Figuren aus Teig und Pappmaché. Besondere Symbolkraft wurde seit jeher dem Apfel zugeschrieben. Bald tauchten aber auch Süßigkeiten, Honigkuchen, bemalte Eier, Schleifen, Vögel, Sterne, Schneeflocken, kleines Spielzeug, Glöckchen, Quasten und Girlanden an den Weihnachtsbäumen auf.

Zur Entstehungsgeschichte des Lamettas gibt es ein hübsches Märchen. Danach soll eine gute, mittellose Frau mit dem Wenigen, was sie hatte, einen Weihnachtsbaum für ihre zahlreichen Kinder geschmückt haben. In der Nacht besuchten Spinnen den Baum. Sie kletterten von Zweig zu Zweig und hinterließen dabei ihre Spinnweben. Als Belohnung für ihre Güte soll das Christkind den Baum gesegnet haben, und die Spinnweben verwandelten sich in glänzendes Silber.

Der erste serienmäßig hergestellte Christbaumschmuck kam aus dem thüringischen Lauscha und wurde von dort nach England und Nordamerika exportiert.

Glasschmuck kam erst im Jahr 1867, nachdem in den Städten die Gasversorgung eingeführt worden war, in Mode. Und so entstanden unter den geschickten Händen der Glasbläser bald hauchdünne Christbaumkugeln und

darüber hinaus Äpfel, Birnen, Trauben und Tannenzapfen, die vielfach noch mit zarten, farbigen Mustern versehen wurden. Bisweilen wurden diese Kugeln innen noch versilbert und verbreiteten dann einen besonderen Glanz, was sie in den 70er Jahren des vorigen Jahrhunderts zu äußerst begehrten Objekten machte. Die Massenproduktion nahm zu, als der Amerikaner F. W. Woolworth, der Gründer der gleichnamigen Kaufhauskette, auch Christbaumschmuck in sein Sortiment aufnahm. Von seinen jährlichen Reisen nach Lauscha brachte er manchmal bis zu 200 000 verschiedene Stücke mit.

Als die Bäume größer wurden und die Nachfrage nach Christbaumschmuck stieg, entstanden neue Industriebetriebe. 1880 kam das erste Lametta auf den Markt. Aufgrund der wachsenden Beliebtheit, derer sich der Weihnachtsbaum in der Folgezeit in Europa wie in Amerika erfreute, wurde auch das Angebot an Weihnachtsschmuck, der zumeist aus Metall, Glas, Silber- und Goldfolie, Gips und Pappe gefertigt wurde, zunehmend vielfältiger. Später wurde Kunststoff zu einem beliebten Material, denn er war leicht und ließ sich einfach formen.

Die Moden haben seit den frühen Zeiten häufig gewechselt, und der Ideenreichtum der Hersteller ist nahezu

Seite 40 und 41: Quasten und perlenbestickter Schmuck zieren diesen reich geschmückten Baum in Rot.

Seite 42: Dieser Baum ist nach einem heidnischen Brauch so reich mit herrlichen Früchten geschmückt, daß man die grünen Zweige kaum mehr sieht. Verschiedene Apfelsorten, Weintrauben, purpurrote Kirschen, Erdbeeren, Himbeeren, Johannisbeeren und samtene Pfirsiche verführen das Auge. An manchen Früchten hat der Frost sogar eine Spur hinterlassen.

Unten: Dieser kleine, nach oben sehr spitz zulaufende und in der Mitte besonders dichte Baum trägt ebenfalls Früchte. Sie sind mit Samt überzogen und sehr feinen Goldschnüren verziert. Hier wurde der klassische Schmuck auf eine moderne Weise interessant abgewandelt. Im Hintergrund ein antiker Lederparavent.

unerschöpflich. Mal erfreuten sich einfarbig, etwa schneeweiß geschmückte Bäume besonderer Beliebtheit, mal war es ein buntes Nebeneinander von goldenen Orangen, silbernen Äpfeln, Elfen, vergoldeten Trauben, kleinen Spielzeugsoldaten, Trommeln, Blasinstrumenten und Schleifen.

Im umfangreichen Sortiment eines amerikanischen Katalogs aus dem Jahr 1869 finden sich unter anderem zerbrechliche Globen, Früchte und Blüten aus buntem Glas, Spiegel aus Zinn, winzige Glöckchen und lustige, kleine

Purpurfarbene Reben und große, goldene Schleifen zieren diesen prächtigen Baum im Laden des Juweliers Asprey an der New Yorker Fifth Avenue. Ein unvergleichlich schöner Baum, der zur Weihnachtszeit selbst dem herrlichsten Diamanten den Rang ablaufen dürfte.

Figuren an Gummibändern, die auf und ab wippten, wenn die Kinder daran zogen.

In Japan begann man 1925 mit der fabrikmäßigen Herstellung von erlesenem Glasschmuck, der zumeist nach Amerika und Europa exportiert wurde.

Als Folge des Zweiten Weltkriegs ging man 1939 in Amerika dazu über, eigenen Christbaumschmuck herzustellen. Die New Yorker Corning Glass Works (Corning Glashütte) erweiterten ihre Produktion und stellten pro

Rechts und oben: Der exakt in der Mitte der Girlandenbögen angeordnete Glasschmuck verleiht diesem Baum ein sehr symmetrisches Aussehen. Ein Hauch von Rot inmitten der goldenen Pracht lockert das Ganze etwas auf.

Seite 46: Große, dunkelrote Blüten zieren diesen reich geschmückten Baum in der Halle des New Yorker Lombardy Hotels. Durch die Spiegel wirkt dieser an sich schon mächtige Baum noch größer. Unter der Üppigkeit des Schmucks läßt sich das Grün des Baums nur mehr erahnen.

Seite 47: Engelshaar, große Schleifen und glänzende Kugeln dienen als Schmuck für diesen kleinen Baum.

Woche mehr als zwei Millionen Dekorationsstücke her, für die Kunststoff, Folie und Schaumstoff als Ausgangsmaterial dienten. Christbaumschmuck aus Deutschland wurde erst wieder ab 1950 angeboten.

Zur Zeit des Jugendstils (1895–1914) dominierten auch beim Weihnachtsschmuck blasse Farben, Silber, reiche Verzierungen und Blumenmotive, und die Bäume wurden bevorzugt mit Engelshaar, Lametta, Tannenzapfen und glitzernder Baumwolle geschmückt. Das Lametta wurde dabei meist zu langen, glänzenden Girlanden verarbeitet oder mit Draht zu geometrischen Mustern geformt, in die Spiegel, Kugeln oder kleine Plättchen eingearbeitet waren. Auf der Spitze der eleganten Bäume saß in der Regel eine Glocke oder ein silberner Stern mit Glasfaserstrahlen. Typisch für die Zeit nach dem Ersten Weltkrieg waren Motive wie Straßenjungen, Clowns, der Mann im Mond, Puppenköpfe mit Glasaugen, Figuren aus Tannenzapfen und anmutige Tierfiguren, etwa Pfauen und Schwäne.

Kleine, rote Äpfel und mit bunten Motiven beklebte Kugeln im viktorianischen Stil werden bei diesem ausnehmend hübschen Baum mit kunstvollen Schleifen aus gemustertem und glänzendem, goldenen Stoff kombiniert.

Der Baum erstrahlt im Kerzenlicht

Die ersten Versuche, einen Weihnachtsbaum mit Kerzen zu schmücken, wurden um 1700 im Erzgebirge unternommen. Aufzeichnungen, die aus dieser Zeit überliefert sind, berichten von hölzernen, pyramidenförmigen Gestellen, die mit immergrünen Zweigen umwickelt und mit Kerzen geschmückt wurden, die in der dunklen Jahreszeit Licht spenden sollten. Das Licht hat nicht nur eine tiefe, symbolische Bedeutung, sondern spielt auch in der christlichen Religion eine besondere Rolle, wird Jesus doch in der Liturgie der Osternacht als das Licht der Welt bezeichnet. Im Mittelalter symbolisierte die Kerze, die während der Christvesper entzündet wurde, den Stern von Bethlehem.

Die Landbevölkerung deutete die Tatsache, mitten im dunklen Winter ein Licht zu haben, als gutes Omen für die bevorstehende Ernte.

Bei diesem zauberhaften Baum wurden Kerzen, Goldsterne und goldene Kugeln mit ungewöhnlichen, kleinen Girlanden und Quasten kombiniert.

Im Jahr 1660 befestigte man erstmals Lichter an einem Weihnachtsbaum. Es handelte sich dabei um kleine, mit Öl gefüllte Walnußschalen. Kerzen waren damals noch sehr rar und daher etwas ausgesprochen Wertvolles. Als Christbaumschmuck konnten sie sich deshalb nur die Reichen leisten. Dabei bestand allerdings stets die Gefahr, daß der Baum in Flammen aufging, was immer wieder vorkam.

Durch die Erfindung des Paraffins im Jahr 1830 wurden Kerzen zunehmend erschwinglicher, und manche Familien leisteten sich bis zu 24 Paraffinkerzen als Baumschmuck. Dabei mußte allerdings stets ein Familienmitglied den Baum im Auge behalten und sich, mit einem Eimer Sand oder einem langen Stock mit einem nassen Schwamm am Ende gerüstet, für etwaige Löschaktionen wappnen. Doch trotz dieser Vorsichtsmaßnahmen kam es immer wieder zu Brandfällen.

Als nächstes galt es, die Frage der Befestigung zu lösen. An erfinderischen Geistern, die sich dieses Problems annahmen, fehlte es nicht, und so konnten Ende des 19. Jahrhunderts bereits eine Reihe verschiedener Kerzenhalter patentiert werden.

Seite 50 und 51: Zerbrechliche Porzellanfiguren aus der weltberühmten Manufaktur Lladro schmücken diesen Baum im New Yorker Ausstellungsraum der Firma.

Seite 52: Zwei Engel wachen über diesen mit künstlichen Kerzen geschmückten Baum. Die goldenen Weinreben, Ruten, Sterne und Schleifen verleihen dem kleinen Baum, der am besten auf einem Tisch zur Geltung kommt, einen besonders edlen Charakter.
Links und oben: Ein typisch deutscher Baum mit Strohsternen, die ursprünglich Bestandteil der heidnischen Wintersonnenwendfeiern waren.

Dieser prächtige, reich geschmückte Baum kommt vor der dunkel geäderten Marmorwand besonders gut zur Geltung. Durch das dunkle Grün der Zweige schimmern Hunderte kleiner Fächer, und zarte, rote Girlanden winden sich von links nach rechts und von oben nach unten.

Den mittelgroßen, von einem Schwarm niedlicher Vögel bevölkerten Baum zieren Zweige mit roten Beeren und anderer Schmuck aus der Natur. Ein Anblick, bei dem jedem Naturfreund das Herz aufgehen wird.

An diesem Baum in der Eingangshalle eines großen Bürogebäudes fügen sich verschiedene Elemente harmonisch zusammen: Weihnachtsmänner neben Kugeln und Äpfeln und dazu Schmetterlinge, ein Schwarm Rotkehlchen und Tauben.

Die schlanke, hohe Form dieses nahezu makellos gewachsenen Baums kommt durch die ausgewogene Anordnung der vergoldeten Blätter und Schleifen besonders gut zur Geltung. Entdeckt haben wir diesen ausgesprochen eleganten Baum im Laden des italienischen Modeschöpfers Versace in der Londoner New Bond Street.

Getrocknete Orangen- und Zitronenscheiben und glänzende Kugeln und Schleifen in warmen Herbstfarben machen diese Blautanne zu etwas ganz Besonderem. Es ist ein angenehm duftender Baum in der Boutique Chloé in Paris.

Zum Befestigen der Kerzen verwendete man zunächst dünnen Draht oder Schnur. Mit den von Friedrich Artz entwickelten Klemmhaltern ließen sich die Kerzen an den Enden der Zweige anbringen, was die Brandgefahr erheblich verringerte. Zwischen 1890 und 1915 wurden diese Klemmhalter, die zumeist aus Weißblech oder Messing gefertigt wurden, auf unterschiedlichste Weise, etwa mit Blumen und Gesichtern von Weihnachtsmännern oder Engeln, verziert. Besonders hübsch anzusehen waren die kleinen, gläsernen Laternen in Gestalt von Rosen, Gänseblümchen oder Tannenzapfen, bei denen sich der Kerzenhalter im Blütenkelch befand.

Neben den Kerzen wurden in der Anfangszeit vielfach auch Lämpchen aus buntem Glas verwendet. Sie waren mit Wasser gefüllt, und darauf schwammen mit Öl getränkte, brennende Dochte. Mit nahezu unerschöpflichem Einfallsreichtum wurden Konstruktionen entwickelt, um die Kerzen im Gleichgewicht zu halten. Zu den besonders

Großaufnahmen der Schleifen, Stoffrosen und Kugeln des auf Seite 58 abgebildeten Baums.
Seite 60: Ein warmes Licht geht von der kleinen, ganz in Rot gehaltenen Tanne aus.
Seite 61: Ein silberner Stern krönt den weiß und silbern geschmückten Baum.

interessanten Lösungen zählten biegsame Blei- oder Zinngewichte in Gestalt von Engeln, Tannenzapfen oder Früchten wie Erdbeeren, Birnen und Orangen. Am Ende des 19. Jahrhunderts kamen Weihnachtsmänner als Kerzenhalter in Mode. Sie waren aus Gips und wurden von innen mit einer Kerze beleuchtet. Da sie relativ schwer waren, erforderte das Anbringen allerdings einiges Geschick. Die Gefahr von Bränden konnte erst in den 80er Jahren des vorigen Jahrhunderts durch die Erfindung der elektrischen Christbaumbeleuchtung gebannt werden.

Die ersten elektrischen Kerzen bestanden aus buntem Glas und wurden mit dünnen Drahtschlingen zusammengehalten. Abgesehen davon, daß sie sehr teuer waren – in Amerika kostete eine Kette mit 26 einfachen, mattierten Lämpchen damals 12 Dollar (um 1918 war der Preis dann bereits um die Hälfte gesunken) –, waren sie auch sehr unzuverlässig. Denn fiel nur eine Birne aus, funktionierten auch die anderen nicht mehr. Später gelang es dann, die Lämpchen so zu verdrahten, daß beim Ausfall einer Birne der Rest der Kette nicht mehr betroffen war. Heute reicht das Angebot von einfachen Lichterketten mit kleinen, weißen Birnen bis hin zu bunten Laternen.

Seite 62 und 63: Die Kombination der ausgesprochen edel wirkenden Gehänge mit den niedlichen Zwergen verleiht diesem Baum einen ganz besonderen Charakter. Eine bemerkenswerte Neuheit: Die Perlenschnüre werden durch die Arme der Zwerge gezogen und können so nicht mehr verrutschen.

MÄRCHENFIGUREN

Auf den folgenden Seiten finden Sie eine Sammlung bezaubernder, handgefertigter Märchenfiguren, die Kindern und Erwachsenen in aller Welt vertraut sind. Jede dieser Puppen hat einen Wachskopf und ist stilecht nach der Mode der jeweiligen Epoche gekleidet. Sowohl bei den aus feinsten Stoffen handgenähten Kleidern als auch bei den Accessoires wurde größter Wert auf Detailtreue gelegt. Die Kleider sind von Hand bestickt und wurden vielfach auch noch mit zarter Spitze und Glasperlen verziert. Bei Liebhabern von altem Weihnachtsschmuck sind diese raren Sammlerobjekte äußerst begehrt; für Kinderhände sind die kostbaren Stücke leider nicht geeignet.

Links: Das Sandmännchen macht sich auf den Weg, Ihnen Träume ins Auge zu streuen.
Rechts: Ein Schäfer mit zwei Lämmern.

Links: Die Prinzessin aus dem Märchen vom Froschkönig.
Rechts: Der leibhaftige Teufel mit einer prächtigen, roten Hose.

Links: Der Lügenbaron Münchhausen.
Rechts: Alice im Wunderland.

Links und rechts: Balthasar und Melchior, zwei der Heiligen Drei Könige, die zur Anbetung des Jesuskindes nach Bethlehem kamen.

Links: Kaspar, der dritte der Heiligen Drei Könige. *Rechts:* Schneewittchens böse Stiefmutter.

Links: Eine Großmutter. *Rechts:* Ein Herold, der die Geburt Christi mit seiner Trompete verkündet.

Links: Der Rattenfänger von Hameln.
Rechts: Ein im Stil der viktorianischen Zeit gekleidetes Kind mit einem hübschen Blumenstrauß.

Links: Peterchens Mondfahrt.
Rechts: Das bezaubernde Schneewittchen.

Links: Ein Harlekin.
Rechts: Der Struwwelpeter.

Hat jemand meinen Teddy gesehen? Teddybären aus aller Welt bevölkern diesen Baum, der jedes Kind begeistern wird. Hier sind sie alle versammelt: Teddymütter und -väter, Teddykinder, Teddys mit Gliederarmen, in Latzhosen und gepunkteten Anzügen. Und von oben wirft Großvater Bär ein wachsames Auge auf die Schar. Kleine, leichte Teddys lassen sich überall aufhängen, die größeren hängt man hingegen am besten nur an dickere Zweige.

Weihnachtsbäume für Kinder

In seiner 1843 erschienenen Erzählung *Ein Christbaum* nennt Charles Dickens den Weihnachtsbaum ein »nettes, deutsches Spielzeug«, und er beschreibt eine Szene, bei der sich »eine fröhliche Kindergesellschaft« um den Baum versammelt hat.

Er war mit einer Menge kleiner Kerzen besetzt, die ihn in hellem Licht erstrahlen ließen, und überall funkelten und glitzerten bunte Gegenstände an ihm. Da gab es rosenwangige Puppen, die sich hinter den grünen Blättern verbargen; da gab es richtige Uhren, die von zahllosen Zweigen herabbaumelten; da gab es polierte Tische, Stühle und verschiedene andere Möbelstücke (aus Zinn); da gab es fröhliche, breitgesichtige kleine Männer, die viel angenehmer anzusehen waren als viele richtige Männer, und das war kein Wunder, denn ihre Köpfe waren abnehmbar, und dann konnte man sehen, daß sie voll Zuckermandeln steckten; da gab es Fiedeln und Trommeln, Tamburine, Bücher, Arbeitskästen und alle möglichen anderen Kästen …

Weihnachten ist in erster Linie ein Fest der Kinder. Andächtig stehen sie vor den brennenden Kerzen (schauen zu, wie hoch die Flamme lodert!), spielen an dem Holzspielzeug, das an den Zweigen hängt, werfen einen begierigen Blick auf die kleinen, mit Süßigkeiten und Gebäck gefüllten Körbchen, die verlockend vor ihren Augen hin und her baumeln und träumen vom Augenblick der Bescherung. Und endlich ist es dann so weit: Hastig wird das Geschenk ausgepackt – die von der Mutter liebevoll geknüpfte Schleife landet dabei einfach auf dem Boden – und dann der Freudenschrei …

Für eine kurze Zeit des Jahres spielt sich das Familienleben fast ausschließlich um einen Baum ab. Da steht er nun mitten im Wohnzimmer und erstrahlt im Kerzenschein. Wie könnte man sich diesem Zauber entziehen? Bei wem stellte sich beim Anblick seines immergrünen Kleides nicht der Gedanke an das Wiedererwachen der Natur ein? In den Augen der Kinder haftet dem Weihnachtsbaum etwas Geheimnisvolles an. Wie soll der Christbaumschmuck an diesen struppigen Zweigen jemals halten? Wird der Engel wirklich auf die Spitze passen, und werden sein schönes Kleid und die zarten Flügel nicht Schaden nehmen? Das sind die Fragen, die Kinder beim Anblick des ungeschmückten, manchmal etwas ungestalten Baumes bewegen.

Das Schmücken ist traditionell den Eltern vorbehalten. Und für die Kinder vollzieht sich die wundersame Verwandlung hinter verschlossenen Türen. Zurückzuführen ist dieser Brauch wohl auf die Zeit, zu der jedes Familienmitglied einen eigenen kleinen Baum bekam, an dem man die Geschenke aufhängte. Damals war Geheimhaltung besonders wichtig, enthielt doch eines der Päckchen stets ein ganz besonderes Geschenk. Anders als in Deutschland, wo die Bescherung und die Enthüllung des Weihnachtsbaums am Heiligen Abend stattfinden, werden die Geschenke in den meisten anderen christlichen Ländern erst am Morgen des Weihnachtstages verteilt. In der Regel wird ein Familienmitglied dazu auserkoren, die Ver-

teilung vorzunehmen. Der Betreffende verliest dann die Namen auf den Anhängern, und man schaut sich gegenseitig beim Auspacken zu.

Süße Verlockungen wie Früchte und Nüsse, Bonbons, Marzipan und Lebkuchen waren zu allen Zeiten bei den Kindern als Christbaumschmuck besonders beliebt. Zum Backen des mit Honig und Gewürzen verfeinerten Lebkuchenteigs verwendete man Formen wie Herzen, Tiere, Füllhörner oder Glocken. Ursprünglich wurden die Lebkuchen von Wachsziehern hergestellt, die dazu die Formen verwendeten, die ihnen auch zum Gießen von religiösen Motiven dienten.

Später ging man dazu über, die Lebkuchen in geschnitzten hölzernen Hohlformen, sogenannten Modeln, zu backen, die zumeist für Kinder gestaltet wurden und die inzwischen zu gefragten Sammlerobjekten geworden sind.

Sehr beliebt war auch der »Matzebaum«, ein hauchdünnes Gebäck, das aus Mandelteig oder Weizenmehl und Zucker zubereitet wurde. Daraus haben sich im Laufe der Zeit die herrlichen, bunten Marzipanfiguren – Tiere und Weihnachtsmänner, aber auch Früchte und Gemüse – entwickelt, die uns heute aus den Auslagen jeder guten Konditorei verführerisch anlächeln. In den 60er Jahren des 19. Jahrhunderts waren es dann Engel, Schaukelpferde, Kirchen, Tulpen und Rosen, Schwäne und Pfauen aus Marzipan, die an dünnen Drähten oder einer Schnur befestigt und an die Zweige gehängt wurden. Und nicht selten verschwanden sie von dort des Nachts auf wundersame Weise – vielleicht hatte sich eine Fee (oder etwa ein Kind?) ins Zimmer geschlichen und sie heimlich gegessen. Sollte tatsächlich die eine oder andere Marzipanfigur das Weihnachtsfest überlebt haben, hob man sie für das nächste Jahr auf. Inzwischen wurde das Marzipan vielfach durch Schokoladenfiguren abgelöst.

Seit jeher pflegte man zur Weihnachtszeit Figuren aus Honigteig zu backen. Heute stellt man hingegen gerne ein großes Knusperhaus mit einem schneebedeckten

Seite 70: Hölzerne Bären mit beweglichen Gliedmaßen, weiche, knuddelige Teddybären, bunte Stoffbären – echt bärig ist dieser Baum!
Oben: Worüber sich dieser Weihnachtsmann wohl so freuen mag? Vielleicht über sein hübsches, neues Samtgewand.
Links: »Auf geht's zum Schneefegen«, mag sich dieser unternehmungslustig dreinschauende Schneemann denken.

Dach aus Zuckerguß auf, das gelegentlich auch von Honigkuchenfiguren bewohnt wird.

Bei den Spielsachen, das zeigen Sammlerstücke aus dem frühen 19. Jahrhundert ganz deutlich, waren als Baumschmuck schon immer Motive wie Schneeflocken, Vögel, Puppen, Schlitten und Engel besonders beliebt.

In der Anfangszeit wurden die Bäume meist mit selbstgebasteltem Papierschmuck, etwa Sternen, Blumen, Herzen und Tierfiguren, geschmückt, die man vielfach noch mit glänzendem Rauschgold, Bändern und Schleifen verzierte. Bisweilen waren das richtige kleine Kunstwerke, die die Familien in ihrer Freizeit schufen.

Bei Sammlern besonders begehrt ist der goldene und silberne Dresdner Weihnachtsschmuck aus dem frühen 19. Jahrhundert, der aus Pappe gefertigt wurde. Die zum Teil flachen, zum Teil auch plastischen Figuren, darunter Sterne, Glocken, Herzen, Haustiere wie Kaninchen, Hähne und Ziegen, Kreuze, Blumen, Musikinstrumente, Weihnachtsmänner, ja sogar Tennisschläger und Vogelkäfige, erfreuen sich nach wie vor großer Beliebtheit, werden inzwischen aber nicht mehr in mühevoller Handarbeit hergestellt. Im Erzgebirge haben bunte Holzfiguren, wie zum Beispiel kleine Engel, Kinderfiguren, Weihnachtsmänner und Spielzeugsoldaten, eine lange Tradition. Besonders gefragte Motive werden heute vielfach im Fernen Osten oder in Osteuropa kopiert; die in Massenproduktion hergestellten Stücke können allerdings meist nicht mit den handgefertigten konkurrieren.

In Amerika fand man eine Sammlung mit bedrucktem Pappschmuck aus dem Ersten Weltkrieg. Sie umfaßt unter anderem ein Schiff, ein Auto, verschiedene Babypuppen, einen Papagei auf einer Stange, ein trommelndes Kind, einen Clown, einen Weihnachtsmann mit einem Sack voll Spielzeug, einen Matrosen, eine Robbe auf einem Ball, einen Elefanten, einen Esel und den noch immer sehr beliebten Spielzeugsoldaten. In den 20er Jahren kamen die ersten Flugzeuge und Zeppeline aus Glas auf.

Seite 72 und 73: Vor diesem zum größten Teil mit mechanisch betriebenem Spielzeug geschmückten Baum und seinen Details läßt sich stundenlang verweilen.
Seite 74: Zauberhafter, bunter Pappschmuck, darunter Häuser, Tiere und geschweifte Sterne, ziert diesen lustigen Baum.
Seite 75: Ein klassischer deutscher Weihnachtsbaum mit Strohschmuck und verschiedenem Backwerk.

KINDGERECHTER PUPPENSCHMUCK

Lustige, bäuerlich gekleidete Stoffpuppen, ausgestopfte Stoffherzen und Holzfiguren schmücken den hier abgebildeten Weihnachtsbaum. Kleine Tontöpfe, die als Kerzenhalter dienen, runden das rustikale Bild ab.

Ursprünglich dienten solche Puppen den Kindern der Shakers als Spielzeug. Die Shakers sind eine von den Quäkern ausgehende amerikanische Religionsgemeinschaft, in der man nach strengen, tradierten Regeln lebt. Bis zur Jahrhundertwende war beispielsweise nicht erlaubt, daß Männer und Frauen die Mahlzeiten an einem gemeinsamen Tisch einnahmen – ein Verbot, das nur einmal im Jahr, nämlich am Weihnachtstag, aufgehoben werden durfte. Auch war es den Mitgliedern nicht gestattet, sich irgendeiner Art von Zerstreuung hinzugeben.

Bei den hier abgebildeten Puppen handelt es sich um handgefertigte, originalgetreue Nachbildungen, die heute groß in Mode sind. Sie werden aus Stoffresten genäht und tragen die traditionelle, ländliche Kleidung aus rot-weiß kariertem Stoff. Die Puppen sind mit

Watte ausgestopft und die Gesichter von Hand aufgemalt. Als Haare verwendet man meist Wolle, die am Kopf festgenäht wird. An der Kleidung werden Sie weder glitzernde Perlenstickerei noch anderes schmückendes Beiwerk finden, vielmehr trägt jede dieser Puppen die typische Arbeitskleidung eines bestimmten Berufsstandes – wie etwa die Großmutter mit Küchenschürze, der Bauer im Overall oder der Soldat in Uniform. Selbst den Gewändern und Flügeln der Engel fehlt jeglicher Schmuck, der bei der Arbeit ja nur hinderlich wäre. Diese Schlichtheit macht aber gerade ihren besonderen Reiz aus.

An diesen lustigen, knuddeligen Puppen wird jedes Kind Gefallen finden. Die Stoffe sind in natürlichen, freundlichen Farben gehalten. Die einfachen, handgenähten Kleider sind höchstens mit ein paar Knöpfen verziert.

Seite 78 und 79: In einem Gewirr roter Glasperlenschnüre sitzen kleine Plüschbären und anderes Spielzeug, darunter auch eine Kuckucksuhr (siehe links). »Ob es wohl bald so weit ist?«, mag sich der kleine Bär fragen, der auf ihrem Pendel hin- und herschaukelt.

Seite 80: Welches Kind träumte nicht von solch einem über und über mit Lutschern, Zuckerstangen, bunten Bonbons und Schokoladenmünzen übersäten Baum.

Oben und rechts: Noch ein Baum für Naschkatzen. Allerdings wurden die Süßigkeiten hier mit den traditionellen Glaskugeln und -herzen kombiniert.

Seite 82: Weihnachten auf dem Land versinnbildlicht dieser mittelgroße Baum. Eine ganze Schar fröhlicher Zwerge scheint sich an den Gaben der Natur – darunter Sonnenblumen, Pilze, Tannenzapfen, Efeu und Äpfel – zu erfreuen. In den Tontöpfchen befinden sich kleine Teelichter. *Oben und links:* Zwei Transportmittel aus verschiedenen Epochen: ein hölzerner Oldtimer und ein Holzpferd mit aufgemaltem Sattel und gelben Rädern.

WEIHNACHTSBÄUME AUF ÖFFENTLICHEN PLÄTZEN

Links: Aus dieser Perspektive wirkt der prächtige, hell erleuchtete Baum, der vor dem New Yorker Rockefeller Center steht, geradezu winzig.
Unten: Hell erleuchtete Engel mit Posaunen säumen den Weg zu diesem mächtigen Baum.

GIBT ES ETWAS ERHEBENDERES ALS DEN ANBLICK eines prächtigen Tannenbaums, der nachts mitten im Dschungel einer Großstadt in hellem Licht erstrahlt? So mancher wird sich dabei daran erinnert fühlen, daß Weihnachten eine Zeit der Besinnung sein sollte.

Fast überall auf der Welt ist Weihnachten ohne Weihnachtsbaum heute nicht mehr vorstellbar. Das war allerdings nicht immer so. Noch Mitte des 19. Jahrhunderts beschwor ein Pfarrer in Cleveland, Ohio, einen Skandal herauf, weil er in seiner Kirche einen großen, geschmückten

Ratskeller

und mit Kerzen erleuchteten Baum aufstellte. Viele seiner Gemeindemitglieder sahen darin ein Sakrileg. Er brauchte ein ganzes Jahr, um seine Gemeinde davon zu überzeugen, daß der immergrüne Baum auch bei den christlichen Weihnachtsfeiern eine wichtige Rolle spielte.

In Europa hatte der Christbaum zu dieser Zeit bereits Eingang in die Kirchen gefunden, und jede Gemeinde, sei es nun auf dem Dorf oder in der Stadt, war stolz darauf, sich beim Schmücken des immergrünen Baums, der im Kirchenschiff seinen Platz bekam, beteiligen zu dürfen. Für Gemeinden, in deren Kirchhof ein Nadelbaum wuchs, erwies sich die Erfindung der elektrischen Christbaumbeleuchtung als besonders segensreich, konnten sie doch nun auch seine Zweige mit Lichtern und wasserfestem Schmuck schmücken. Ein Brauch, den man, wie die Fotos in diesem Kapitel zeigen, heute mehr und mehr pflegt.

Die Weihnachtsgottesdienste wurden besonders festlich gestaltet und bisweilen sogar von der Schüleraufführung eines Krippenspiels umrahmt. Anschließend wurden die Kinder vielfach mit kleinen Geschenken oder Süßigkeiten vom Baum belohnt. Auch dies ist eine Tradition, die sich in vielen Gemeinden bis heute erhalten hat.

Zahlreiche Wohltätigkeitsorganisationen stellen ebenfalls Christbäume auf. Der Schmuck wird gewöhnlich von Firmen, Persönlichkeiten des öffentlichen Lebens, aber auch von Filmstars, Modeschöpfern, Unterhaltungskünstlern und Sängern gestiftet, die sich damit zugleich in den Dienst einer guten Sache stellen und Spenden sammeln, etwa für Obdachlose, Krebs- oder AIDS-Kranke oder Kinder in Not.

So ist der Weihnachtsbaum im Laufe der Zeit von einem winterlichen Fruchtbarkeitssymbol zu einem Symbol der Freude und der Nächstenliebe geworden, das überall auf der Welt auch nach Jahrtausenden noch dieselbe Anziehungskraft ausübt.

Die Tradition in Deutschland

Im Jahr 1840 begann man damit, die Gräber verstorbener Angehöriger mit kleinen Weihnachtsbäumen zu schmükken – ein Brauch, der vor allem nach dem Zweiten Weltkrieg noch einmal verstärkt auflebte. Nach dem Ersten Weltkrieg wurden auf Marktplätzen und in öffentlichen Gebäuden kleine Christbäume zum Gedenken an die Gefallenen aufgestellt.

Heute findet man vor jedem Rathaus und nahezu auf jedem Marktplatz einen mächtigen, geschmückten Baum. In vielen Dörfern und Städten gibt es außerdem Weihnachtsmärkte, auf denen Christbäume, Christbaumschmuck, Kerzen in den unterschiedlichsten Formen und Größen, Weih-

Jahr für Jahr erhebt sich zur Weihnachtszeit vor dem Roten Rathaus in Berlin-Mitte eine prächtige, schlanke Tanne.

Links: Dieser herrlich geschmückte Baum steht vor dem Grabmal des Unbekannten Soldaten an der Piazza Venezia in Rom. Von den Römern wird das historische Monument auch scherzhaft »die Schreibmaschine« genannt.

Unten: Eine große Krippe, in der die Geburt Christi nachgestellt ist, steht neben dem Weihnachtsbaum auf dem Petersplatz in Rom. Der Baum ist ein Geschenk der Stadt München.

nachtsmänner und Engelsfiguren verkauft werden. Der größte und berühmteste ist wohl der Nürnberger Christkindlesmarkt, der sich über die gesamte Altstadt erstreckt.

Für die Eltern sind die Wochen vor dem 24. Dezember ganz besonders arbeitsreich. Zu den angenehmen, entspannten Unternehmungen gehört in dieser Zeit allerdings der Kauf des Christbaumschmucks, den man gerne damit verbindet, einmal mit der ganzen Familie über den Weihnachtsmarkt zu bummeln. Während es die Kinder zu den Ständen zieht, an denen heiße Schokoladengetränke und Lebkuchen angeboten werden, gönnen sich die Erwachsenen am liebsten einen Glühwein und andere Köstlichkeiten. Man spürt regelrecht die Vorfreude, die den ganzen Platz erfüllt, wenn Familien und Freunde beraten, wie der Weihnachtsbaum aussehen soll, wie groß er sein soll und welchen Schmuck sie dafür wählen wollen. Zum Schluß wird der Baum aufs Autodach gepackt, und man fährt zufrieden nach Hause.

England

Seit 1947 erhalten die Bürger Londons jedes Jahr eine prächtige Tanne als Geschenk von der Stadt Oslo. Sie wird stets auf dem Trafalgar Square aufgestellt und ist nur um weniges kürzer als die Nelsonsäule. Wenn ihre 500 kleinen, weißen Lichter erstrahlen, ist das graue Schmuddelwetter schnell vergessen. Die britische Königin stiftet der Kirche Jahr für Jahr zwei Bäume aus den königlichen Forsten, die im Säulengang und am Westportal der St. Pauls Kathedrale aufgestellt werden. Das am Piccadilly Circus gelegene Hotel Ritz läßt zur Freude seiner Gäste alljährlich einen herrlichen, 14 Meter hohen Baum aus Deutschland kommen. Und die British Tree Growers' Association (Verband Britischer Baumzüchter) macht dem jeweiligen Premierminister jedes Jahr einen Baum zum Geschenk, den man dann vor seinem Londoner Wohnsitz in Downing Street Number 10 bewundern kann.

Amerika

In Amerika findet man auf nahezu jedem öffentlichen Platz einen Weihnachtsbaum. Von den Europäern hat man den Brauch übernommen, auch in den Kirchen, den Gemeindezentren und den Schulen Bäume aufzustellen. Vielfach werden Geschenke daruntergelegt oder an die Zweige gehängt und bei Weihnachtsfeiern an die Gäste verteilt.

Anfang des Jahrhunderts tauchten die ersten Weihnachtsbäume in den Stadtzentren auf – vor der Bibliothek, dem Rathaus oder dem Marktplatz. Im Jahr 1909 konnten die Bürger der kalifornischen Stadt Pasadena erstmals einen elektrisch beleuchteten Christbaum bestaunen. Drei Jahre später durften dann auch die New Yorker auf ihrem Weg zur Arbeit eine prächtige, 18 Meter hohe Edeltanne im Madison Square Garden bewundern.

Als nächstes folgte Boston, und ein Jahr später ragte am Independence Square in Philadelphia eine 23 Meter hohe norwegische Fichte auf, die man den »Kinderweihnachtsbaum« nannte. In Boston gibt es inzwischen zwei große Weihnachtsbäume. Der eine wird den Bürgern von der kanadischen Provinz Neuschottland gestiftet, und der andere – er steht im größten Park von Boston – ist ein Geschenk der kanadischen Stadt New Brunswick an die Kinder in Boston.

Im Jahr 1923 stand erstmals ein elektrisch beleuchteter Baum im Park vor dem Weißen Haus. Die Fichte stammte von den Vermont Hills und war ein Geschenk der American Forestry Association (amerikanischer Forstverband) an den damaligen Präsidenten Calvin Coolidge und seine Frau Grace. Den Bürgern der kalifornischen Stadt Altadena bot sich im Jahr 1920 ein einmaliger Anblick: eine ganze Allee von Deodar-Zedern, die im Licht von mehr

Seite 90: Besonders beeindruckend an diesem Baum, den wir im amerikanischen Philadelphia entdeckten, sind die von oben nach unten gespannten Lichterketten.
Seite 91: Ein Meer winziger Lichter und Flaggen aus aller Herren Länder schmücken diesen Baum vor dem New Yorker Plaza Hotel.
Links: Seit dem Abriß der Berliner Mauer im Jahr 1993 steht auch am Brandenburger Tor ein Weihnachtsbaum. Er ist ein Geschenk des norwegischen Außenministeriums und wird von Hunderten kleiner Lichter erleuchtet.

Ein prächtiger Christbaum erhebt sich Jahr für Jahr vor dem Münchner Rathaus. Zu seinen Füßen spielt sich das bunte Treiben des Weihnachtsmarkts ab, an dessen zahllosen Ständen Sie alles finden, was das Herz in der Weihnachtszeit begehrt.

10 000 bunten Glühbirnen erstrahlte. Die Bürger der amerikanischen Stadt Bethlehem in Pennsylvania scheuten keine Kosten und Mühen, als sie ihre Brücke mit über 150 Fichten und 1200 Lichtern schmückten. Und über dem Ganzen erhob sich ein 18 Meter hoher Baum, den man aus vielen kleinen Bäumen errichtet hatte.

Der wohl berühmteste Weihnachtsbaum Amerikas steht auf dem Platz vor dem New Yorker Rockefeller Center. Seit 1931 wird dort Jahr für Jahr an derselben Stelle ein Baum aufgestellt. 1994 stiftete ihn eine Familie aus Connecticut, denn sie fürchtete, der mächtige, 24 Meter hohe Baum könnte auf ihr Haus stürzen. Jedesmal sind 20 Arbeiter damit beschäftigt, den Baum aufzurichten und mit den 25 000 bunten Glühbirnen zu dekorieren. Der leuchtende Plastikstern prangt schon seit 40 Jahren auf der Spitze. Die öffentliche Grünanlage an der Straße zur Kunsteisbahn wird ebenfalls jedes Jahr prächtig geschmückt. Und wenn dann Anfang Dezember die Lichter angehen, weiß jeder in Manhattan, daß nun die Weihnachtszeit begonnen hat.

Australien und Neuseeland

Auch auf den öffentlichen Plätzen der meisten australischen und neuseeländischen Städte findet man zur Weihnachtszeit mächtige, geschmückte Bäume, die in weißem und buntem Licht erstrahlen. An den Bäumen im Hyde Park von Sydney leuchten während der Weihnachtsfeiertage Nacht für Nacht Tausende kleiner, weißer Lichter. Da in diesem Teil der Welt dann gerade Hochsommer ist, pflegt man das Brauchtum hier auch auf etwas andere Weise. So werden etwa die Weihnachtsgottesdienste in Sydney, Brisbane, Adelaide, Melbourne, Hobart und Perth vor einem erleuchteten Baum im Freien abgehalten.

Den Maori in Neuseeland dient ein heimischer Baum, der Pohutakawa, als Weihnachtsbaum. Blüht er vor dem 25. Dezember, deutet das auf einen langen, heißen und trockenen Sommer hin. Während die Eingeborenen keinen Baumschmuck kennen, halten die *pakeha* (Europäer) an ihrer Tradition fest und schmücken ihre Bäume bereits Wochen vor dem Weihnachtsfest. Die Geschenke legt man unter den Baum und verteilt sie am Morgen des Weihnachtstages.

Links: Wem die Besucher des Wiener Weihnachtsmarkts wohl mehr Aufmerksamkeit schenken? Dem fast 100 Meter hohen Hauptturm des Neuen Rathauses oder dem nicht minder eindrucksvollen Weihnachtsbaum?
Seite 96/97: In ein zauberhaftes Licht ist diese Kapelle in der Nähe eines bayerischen Sees getaucht.

Oben: Eine ausgesprochen romantische Stimmung verbreitet der hell erleuchtete Weihnachtsbaum auf diesem tiefverschneiten Marktplatz im österreichischen Mondsee in der Nähe von Salzburg.
Seite 99: Hell erstrahlt der große Baum auf dem Kirchhof dieser kleinen Kirche, gerade so, als wolle er die Menschen zum Kirchgang einladen.

WEISSE WEIHNACHT

In Europa ist die Weihnachtszeit meist eine schneereiche Zeit. Dies bringt zwar einige Unannehmlichkeiten mit sich, schafft aber, wie diese beiden Fotos zeigen, auch eine wunderbare Atmosphäre.

Für die Sternsinger, die mit ihren Laternen von Haus zu Haus ziehen, ist es bisweilen recht mühsam, sich durch den tiefen, knirschenden Schnee zu arbeiten, auf dem man auch leicht ausrutschen kann. Sehr treffend bemerkte schon der Heilige Wenzel, daß es der Schnee vermag, den Menschen neue Lebenskraft zu geben und ihnen in der Geschäftigkeit des Alltags ein Lächeln aufs Gesicht zu zaubern. Ein solches Gefühl stellt sich besonders in kalten, sternenklaren Nächten ein. Haben nicht auch Sie schon manchmal bei einem nächtlichen Spaziergang innegehalten, um nach oben zu den unzähligen, winzigen Sternen und in die endlose Weite des Himmels zu sehen, und dabei für die Gnade gedankt, auf dieser Welt leben zu dürfen?

Trotz des weihnachtlichen Gefühls, das uns der Schnee vermittelt, denken wir doch schon an das kommende Frühjahr. Fast scheint es, der Schnee sei dazu da, das Alte wegzuwaschen, damit Neues entstehen kann. Denn wenn er erst einmal taut, strecken sich allmählich auch die winzigen Knospen der Bäume den warmen Sonnenstrahlen entgegen, und der Kreislauf des Lebens beginnt von vorne.

Links und oben: Vor diesem mächtigen, 10 Meter hohen Baum kommt man sich als Besucher des New Yorker Metropolitan Museum of Art wie ein Zwerg vor. Die italienischen Barockengel aus dem späten 18. und dem frühen 19. Jahrhundert scheinen geradezu über die immergrünen Zweige zu schweben. Die Krippenfiguren sind aus buntem Ton und Holz.
Seite 102: Diesen mit Trockenfrüchten geschmückten Baum gestaltete die Künstlerin Cornelia Parker 1995 für die Londoner Tate Gallery.
Seite 103: Riesengroße Girlanden winden sich um den Baum des Pierre Hotels an der New Yorker Fifth Avenue und scheinen in den Himmel hineinzuwachsen.

Weihnachtsbäume allerorten

Viele der Eindrücke, die tagtäglich auf uns einstürmen, nehmen wir mit den Augen wahr. Licht, Farbe und Material haben, ohne daß wir uns dessen bewußt sind, Auswirkung auf die Wahrnehmung unserer unmittelbaren Umgebung.

In der Vorweihnachtszeit sind wir ständig auf der Suche nach Anregungen für die Gestaltung unseres Weihnachtsbaums. Wer in New York nach außergewöhnlichen Ideen sucht, für den ist das Metropolitan Museum of Art (siehe links) eine erste Anlaufstelle. Wer in London lebt, geht zu diesem Zweck am besten in die Tate Gallery (siehe Seite 102).

Für den Handel bringt Weihnachten das große Geschäft. Also versucht man, die Kunden in der kurzen Zeit dazu zu animieren, möglichst viel Weihnachtsschmuck und Geschenke zu kaufen. Und wie gehen die Händler dabei vor? Ganz einfach: indem sie prächtige Weihnachtsbäume in ihren Geschäften aufstellen. Viele renommierte Fachgeschäfte dekorieren auch ihre Auslagen mit jährlich wechselnden weihnachtlichen Motiven, wobei man zunehmend dazu übergeht, einen Star, der gerade besonders populär ist, in den Vordergrund zu stellen. Der wichtigste Ideenlieferant ist allerdings nach wie vor der Christbaum.

Die Bäume, die wir Ihnen in diesem Kapitel vorstellen, sollen in erster Linie dazu dienen, einem bestimmten Publikum eine weihnachtliche Atmosphäre zu vermitteln. Sie werden etwa in den Eingangshallen großer, normalerweise eher anonymer Firmengebäude für die Mitarbeiter aufgestellt oder heißen die Gäste an kalten Wintertagen in Restaurants und Hotels willkommen.

Das Märchen vom Nussknacker

Das Märchen *Nußknacker und Mäusekönig* von E. T. A. Hoffmann lieferte Alexandre Dumas die Vorlage für seinen *Casse-Noisette* (Der Nußknacker), der später vom

Sehr zur Freude der Angestellten bewacht eine Hundertschaft von Spielzeugsoldaten diesen großen Baum in der Eingangshalle einer New Yorker Firma.

russischen Komponisten Tschaikowski vertont und im Jahr 1892 in Sankt Petersburg als Ballett uraufgeführt wurde. An vielen Theatern ist die Aufführung dieses Balletts heute fester Bestandteil des Weihnachtsprogramms.

Die Geschichte beginnt am Heiligen Abend und spielt im Haus einer gutbürgerlichen Familie. Eine der Töchter hat einen großen Nußknacker – einen Soldaten – geschenkt bekommen. Bei einem Streit mit dem Bruder bricht der Kiefer des Nußknackers. Das Ballett führt den Zuschauer auf eine Reise in eine Märchenwelt aus Lametta, Süßigkeiten und Spielsachen, durch die ihn die beiden Hauptfiguren, die Zuckermandelfee und der Prinz, und eine Reihe anderer, zum Leben erwachter Spielzeugfiguren – Harlekin, Colombine und eben jener hölzerne Nußknacker – begleiten. Die Nußknackerfiguren, die in den unterschiedlichsten Größen hergestellt werden, zählen noch immer zum beliebtesten Christbaumschmuck. Besonders aufwendig gearbeitete Figuren verfügen sogar über bewegliche Gliedmaßen. Den etwas höheren Preis sind sie in jedem Fall wert, denn sie überleben Generationen von Kindern.

Typisch für die hier abgebildeten klassischen Nußknacker sind die Soldatenuniform, das weiche, weiße Haar und die langen, dichten Bärte. Die steifen, schwarzen Schnurrbärte und die Uniformen verleihen ihnen etwas Ehrfurchtgebietendes.

Die Spielzeugsoldaten an diesem Baum (siehe Seite 104) sind nicht nur besonders tapfer, sondern können auch noch Musik machen.

Seite 106: Bis unters Dach des Pariser Kaufhauses Galéries Lafayette ragt dieser prächtige, mit verschiedenen ausgeschnittenen Motiven geschmückte Baum.
Links: Ganz in Rot und Gold ist dieser herrliche Baum im Waldorf Astoria Hotel an der New Yorker Park Avenue gehüllt.
Eine ganz ungewöhnliche Variante der traditionellen Rot-Grün-Kombination.

Bürohochhäuser und große Hotels verfügen meist über weitläufige Hallen, in denen hohe Weihnachtsbäume besonders gut zur Wirkung kommen. Beim Schmücken solch großer Bäume gelten die gleichen Regeln wie bei den kleineren; eine Herausforderung stellt lediglich die große Fläche dar, die es zu dekorieren gilt. Ein Thema für den Baum zu finden, das ein möglichst breites Publikum anspricht, ist genauso wichtig, wie Farben und Formen

Vor diesen Hintergrund aus edlem Marmor und Glas paßt eigentlich nur solch ein mit glänzendem Gold geschmückter Baum, wie wir ihn in der Halle des Palace Hotels an der New Yorker Madison Avenue fanden.

auszuwählen, die gerade aktuell sind. Man sollte dabei aber immer vor Augen haben, daß ein schlichter Baum häufig besonders gut ankommt.

Diese großen Bäume werden in der Regel von einem ganzen Team professioneller Dekorateure geschmückt, die zuvor ein Design entwerfen und einen Plan für das Schmücken erstellen. Wenn Sie einen so aufwendigen Baum nachgestalten möchten, sollten sie genauso vorgehen. Wählen Sie einen geschmackvollen Schmuck und achten Sie darauf, daß Sie den Baum nicht überladen.

Für große Bäume eignet sich am besten klassischer Schmuck, den man über mehrere Jahre verwenden und gegebenenfalls immer wieder mit neuen Stücken ergänzen kann. Wenn Sie damit beginnen, Ihren Christbaumschmuck zusammenzustellen, werden Sie rasch feststellen, welche Stücke zusammenpassen und welche nicht. Achten Sie darauf, daß Farbe, Form und Stil harmonieren.

Um einen großen Baum im Gleichgewicht zu halten, muß er in einem Christbaumständer befestigt oder in ein Gefäß gestellt werden, das natürlich verdeckt werden sollte. Und was eignet sich dazu besser als hübsch verpackte Geschenke, die man um den Stamm drapiert. Und dazwischen können Sie ja auch noch einige Christsterne

Oben: Dem hohen, klassisch geschmückten Baum in der weitläufigen Halle des New Yorker Plaza Hotels stattet man gerne einmal einen Besuch ab. Hat man darum herum doch viele kleine Geschenke für die Gäste ausgebreitet. Gekrönt wird er von einem Engel.

Rechts: Breite, goldene Bänder fallen an diesem prächtigen Baum in der Halle des New Yorker Peninsula Hotels herab. Ein so aufwendig geschmückter Baum kommt nur in einem besonders großen Raum richtig zur Geltung.

verteilen und ein paar Nußknacker zur Bewachung aufstellen (siehe Foto Seite 109 oben).

Anders als bei kleinen Bäumen können Sie bei sehr großen gut verschiedene Motive kombinieren. Das abgebildete Beispiel zeigt, wie sich Kindermotive – hier die Teddys – auf gelungene Weise mit goldenen Kugeln, Schleifen und Sternen vereinen lassen. Um den Stamm hat man Geschenke und Porzellanpuppen in winterlicher Sonntagskleidung drapiert (siehe Seite 110). Die Bären wurden so geschickt plaziert, daß der Goldschmuck dominiert.

Seite 110 und oben: Ein gewagter, aber gelungener Kontrast: Zwischen breiten, goldenen Schleifen und Goldkugeln sitzt eine ganze Horde von Teddybären in grünen Sweatshirts. Dieser Baum ist im Londoner Lanesborough Hotel zu bewundern.

Links: Nein, Christo war hier nicht am Werk. Geschaffen wurde dieser ausgefallene Weihnachtsbaum vielmehr von der Designerin Cathy de Monchaux für die Londoner Tate Gallery. *Oben:* Kunstvoll gearbeiteter Metallschmuck ziert diesen avantgardistischen Baum, den wir im Schaufenster des New Yorker Kaufhauses Bloomingdale's entdeckten.

Die ausgefallensten Weihnachtsbäume

Auf den folgenden Seiten finden Sie eine Sammlung von außergewöhnlichen und einzigartigen Weihnachtsbäumen. Mit dem traditionellen Christbaum haben diese, vielfach von Designern entworfenen Bäume oft nur noch wenig gemein. Bei dem auf der linken Seite abgebildeten Beispiel ist der Baum sogar vollständig verhüllt, so daß sich der Betrachter zunächst auf die Hülle konzentrieren wird. Erst bei näherem Hinsehen gewinnt man den Eindruck, der Baum wolle sich – und damit der Lebenskraft – Bahn brechen. Der glänzende Metallschmuck und das Gewirr goldener Stränge (siehe Foto oben), die für das Schaufenster des New Yorker Kaufhauses Bloomingdale's entworfen wurden, spiegeln etwas von der erbarmungslosen Kommerzialisierung des Weihnachtsfestes wider.

Einen außergewöhnlichen Weihnachtsbaum zu entwerfen ist eine wahre Herausforderung Ihrer Kreativität. Gehen Sie mit Energie ans Werk, denn der Baum wird Ihre Handschrift tragen. Einige von Ihnen arbeiten vielleicht sogar in künstlerischen Berufen und haben so leicht Zugang zu entsprechenden Materialien. Sie können sich mit dem nötigen Bedarf aber auch in jedem Kunstgewerbegeschäft eindecken. Worauf es vor allem ankommt, ist, was Sie aus den verschiedenen Materialien machen. Denn die Kunst besteht darin, sie so zu einem Ganzen zu verbinden, daß etwas wirklich Einzigartiges entsteht.

Ob Sie sich nun für eine eher harmonische, rustikale oder eine moderne, unorthodoxe Dekoration entscheiden, wichtig sind allein die Idee und die Kombination der Elemente.

Jeder der in diesem Kapitel vorgestellten Bäume hat in irgendeiner Form einen Bezug zur traditionellen Bedeutung des Weihnachtsfestes. In einigen Fällen hat man dem klassischen Nadelbaum ein modernes, ganz neues Gesicht gegeben, in anderen wird zeitgemäßer Schmuck zum Blickfang.

Begegnen wir vertrauten Gegenständen in einem für uns ungewöhnlichen Kontext, läßt uns das zunächst einmal stutzen. Doch nicht selten erkennt man dann plötzlich, daß in solchen Fällen durchaus ein Bezug besteht. So haben etwa die Kränze und die mit Trockenfrüchten gefüllten Körbe (siehe Seite 114 und oben) ihren Ursprung in heidnischen Festbräuchen. Und die mit Glasperlenschnüren geschmückte Metallpyramide (siehe Seite 121) hat eine gewisse Ähnlichkeit mit den frühen Holzpyramiden. Glasperlen waren überdies mit der erste Glasschmuck, den man in der zweiten Hälfte des 18. Jahrhunderts im thüringischen Lauscha anfertigte.

Seite 114 und oben: Mutter Natur lautet das Thema in dem bekannten Londoner Restaurant San Lorenzo zur Weihnachtszeit. Trockenfrüchte, kleine aus Seilen gedrehte Kränze und aus Zweigen geflochtene Körbchen schmücken diesen rustikalen Baum.

Seite 116: Ein ähnlicher Baum im Schaufenster des New Yorker Kaufhauses Bloomingdale's. Hier wurden die unzähligen, winzigen Körbchen mit Früchten kombiniert.
Links und unten: Von oben bis unten mit kleinen Körben behängt ist dieser ungewöhnliche Weihnachtsbaum im Modegeschäft Henri Bendel in New York. Die Körbchen sind mit Trockenfrüchten, Nüssen und duftenden Zimtstangen gefüllt. Und als Krone schwebt ein großer Kranz aus Trockenblumen und Girlanden darüber.

Hier wurde ein ganzer Baum aus Ähren, getrockneten Rosen und Sonnenblumen gefertigt. Eine sehr ausgefallene und geschmackvolle Idee, die den heidnischen Ursprüngen des Weihnachtsbaums Rechnung trägt.

Links: Metallischen Glanz verbreitet dieser Baum im Londoner Sheraton Park Tower Hotel.
Oben: Auf Pfählen stehen diese kleinen Bäume, die die Via Condotti in Rom säumen.

Seit der Jahrhundertwende, als das Schmücken der Bäume in Mode kam, liefern die Zeitschriftenredaktionen ihren Lesern unablässig neue Ideen. In den 20er Jahren regte man sie etwa dazu an, die Zweige, um einen winterlichen Schneeeffekt zu erzielen, mit Baumwollfetzen zu bewerfen. Oder man schlug ihnen vor, Maiskörner, Preiselbeeren und leere Walnußschalen aufzufädeln und bunt mit Wasserfarben zu bemalen. All diese Tips wurden dankbar aufgegriffen und begeistert in die Tat umgesetzt.

In den 30er Jahren schuf ein New Yorker Innenarchitekt für einen Kunden einen für die damalige Zeit höchst ungewöhnlichen Baum. Er besprühte eine Kiefer mit Silberfarbe, stellte sie auf ein Stück silberfarbenen Stoff und behängte sie lediglich mit blauen Glaskugeln. Heute findet man solch schlichte Bäume, die durch ihre Einfachheit faszinieren, durchaus häufiger.

Minimal Art in Reinkultur. Geschaffen wurde diese Metallskulptur von der Designerin Natascha Du Pont De Bie.

Gedämpftes Licht verbreitet diese kristallene Pyramide im Schaufenster von Bloomingdale's. Davor muß man einfach stehenbleiben. Die Pyramidenform erinnert an die ersten Weihnachtsbäume, die aus Holzscheiten gefertigt wurden und oben ebenfalls spitz zuliefen. An den Stangen sind durchsichtige Glasperlenschnüre aufgehängt.

Dieser von kleinen Origami-Tieren bevölkerte Baum wurde für das New Yorker Museum of Natural History entworfen. Eine wirklich originelle Idee!

Der Fisch als Symbol Christi hat einen engen Bezug zu Weihnachten. Dem trägt dieser hinreißende Baum im Florence Griswold Museum in Connecticut Rechnung. In den Zweigen hausen sogar einige Nixen.

Dieser Baum wurde einem Kleid von Valentino nachgestaltet und trägt einen ebenfalls von Valentino entworfenen Gürtel. Der Baum wurde vom Designer selbst entworfen und ist dem Model Claudia Schiffer gewidmet.

Es gibt eine Vielzahl natürlicher Materialien, aus denen Sie sogar Ihren eigenen Weihnachtsbaum fertigen können. Als Tischdekoration eignen sich beispielsweise sehr gut nackte Zweige, die man mit bunten Kugeln, hölzernen Weihnachtsmännern, selbstgebastelten Stoffblumen oder Holzspielzeug behängt.

Da aufgepfropfte Bäume gerade groß in Mode sind, können Sie sich Ihren Baum auch aus einem Bündel Weidenzweigen anfertigen, die Sie auf einem Pfahl befestigen. Anschließend stellen Sie ihn in einen hübschen, mit Erde gefüllten Terrakottakübel. Viele Gärtner züchten heute kleine, immergrüne Spalierbäume, die symmetrisch zurechtgeschnitten werden.

Weihnachtsbäume können Sie aber auch aus Kiefernzapfen, großen Nüssen, Samenhüllen und Trockenblumen anfertigen. Solche Bäume muß man nicht einmal schmükken, denn sie wirken ohnehin schon sehr dekorativ.

Bezaubernd sehen Bäume aus frischen Efeuranken aus, die man mit zarten Seidenschmetterlingen behängt. Auch das ist ein weihnachtliches Motiv, denn der Legende nach sollen sich Vögel und Insekten an der Krippe des neugeborenen Christkindes niedergelassen haben.

Links: Dieser mit glänzenden, roten Schleifen eingefaßte Baum, eine Miniaturversion des Eiffelturms, schmückte zur Weihnachtszeit einen Gehsteig in Paris. Soviel Einfallsreichtum wäre eigentlich eine Auszeichnung wert. Der Baum ließe sich übrigens ganz leicht für den heimischen Garten nachbauen: Der Rahmen ist aus Metall, und die Zweige sind mit Draht befestigt.

Seite 126: Ein Baum für Pferdeliebhaber: angesteckte Preisschleifen sind der einzige Schmuck.

Seite 127: Ein über und über mit echten Weihnachtssternblüten, Chrysanthemen und Margeriten geschmückter Baum. Den Topf ziert eine Schleife.

1994
INDOOR

Dieser sehr eigenwillig gestaltete Baum stand vor der Boutique Fleurs de Paris in Paris. Er ist mit Maiskolben und glänzenden, roten Schleifen dekoriert und läßt sich sehr gut im Freien aufstellen.

Schuhe dienten schon in frühester Zeit als Baumschmuck. Allerdings sahen sie damals noch nicht so elegant aus wie die glitzernden Exemplare an diesem Weihnachtsbaum bei Helene Appels in New York.

Dieser hübsche schneebedeckte Baum stand auf einer Konsole in der prunkvollen Halle des Pariser Hotels Meurice.

Künstlicher Schnee

Wenn Sie von einer weißen Weihnacht träumen, können Sie sich eine Fichte wie die oben abgebildete auch selbst machen. Sie müssen den Baum nur dick mit »Schnee« aus der Dose besprühen und dann mit roten Kugeln und glänzenden, roten Schleifen schmücken. Sie sehen also, mit welch einfachen Mitteln sich eine große Wirkung erzielen läßt. Das Besondere an diesem Baum ist der Kontrast von Rot und Weiß. Auf künstlichen Schnee wird man allerdings wohl am ehesten in wärmeren Ländern zurückgreifen. So wird, zumindest optisch, der Eindruck von Kälte vermittelt. Den gleichen Effekt können Sie erzielen, wenn Sie den Baum mit kristallenen Eiszapfen, Schneeflocken und weißen oder silbernen Rentieren schmücken. Sehr hübsch sieht es auch aus, wenn man ihn nur leicht besprüht und die Zweige mit mattiertem Glasschmuck behängt.

Links und oben: Lila Chiffonschleifen, Silberkugeln und zarte, getrocknete Blätter zieren diesen romantischen Baum.

Register

Kursiv gedruckte Seitenzahlen verweisen auf Abbildungen

A

B/C

D

E/F

G

H

I/J

K/L

Bildnachweis

Umschlagfoto: Studio Koestel Design, Isny. Seite 1: Studio Koestel Design. Seite 2: The Paragon Collection, Surrey, UK. Seite 4: Studio Koestel Design. Seite 7: The Paragon Collection.

Fotografen:
Bibi Basch – Seiten 38; 40/41; 43; 47; 49; 52; 57: Versace, London; 62/63; 64/65; 66/67; 68/69; 70/71; 74/75; 76/77; 80; 110/111: The Lanesborough Hotel, London; 114/115: Restaurant San Lorenzo, London (Design: Steven Woodhams); 119 (links): The Sheraton Park Tower Hotel, London; 120; 126/127. **Nick Brandli** – Seiten 72/73: Dr. F. Kopp, Zürich. **Patrice Casanova** – Seiten 30/31: The Park Lane Hotel, New York; 32/33: The Lowell Hotel, New York; 34/35: Jolly Madison Towers Hotel, New York; 39: Florence Griswold Museum, Connecticut, USA; 44: Asprey's, New York; 45: The Drake Hotel, New York; 46: The Lombardy Hotel, New York; 50/51: Lladro Gallery, New York (Design: Horacio Trujillo); 53: Lufthansa, New York; 54: Grace Building, New York; 55; 78/79: Florence Griswold Museum; 56, 83; 104/105; 107: The Waldorf Astoria, New York; 108: The Palace Hotel, New York; 109 (oben): The Plaza, New York; (unten): The Peninsula, New York; 113, 116, 118, 121: Bloomingdale's, New York; 117: Henri Bendel, New York; 122: Museum of Natural History, New York; 123: Florence Griswold Museum; 129: Helene Apples Inc., New York; 131: Florence Griswold Museum. **Francesca d'Aloya** – Seiten 88/89; 119 (rechts). **Stefan Gutlbauer** – Seiten 86/87; 92/93. **Pierre Verrieres** – Seiten 58/59; 106; 125; 128; 130: Hôtel Meurice, Paris.
Agenturen:
Private Collection/Bridgeman Art Library, London – Seiten 8/9; 10/11; 12/13; 14/15; 16/17; 18/19; 20/21; 23; 25. **Fotoagentur Mauritius, Mittenwald** – Seiten 84/85; 90/91; 96/97; 98/99. **Metropolitan Museum of Art, New York** – Seiten 100/101. **Freundin/Carina (Dietrich), München** – Seiten 36/37; 48; 60/61; 81/82. **Studio Koestel Design, Isny** – Seite 136. **Superbild GmbH Grünwald** – Seiten 24; 94/95. **The Pierre Hotel, New York** – Seite 103. **Historisches Museum Hannover und Archiv des Schlosses Hannover** – Seiten 27; 28; 29. **The Tate Gallery, London** – Seiten 102; 112. **The Paragon Collection** – Seite 4.

Alle Bildrechte wurden sorgfältig recherchiert. Sollte hier ein Irrtum unterlaufen sein, wenden Sie sich bitte an den Mosaik Verlag in München.

Danksagungen

Folgenden Personen möchte ich für ihre Unterstützung beim Verfassen dieses Buches danken: Meiner Freundin Kay Angiel, der nie die Ideen ausgingen; Lynn Bryan für den Text und die sachkundige Betreuung bei der Herstellung dieses Buches. Mein Dank gilt auch allen Fotografen, die es so ausgezeichnet verstanden haben, die weihnachtliche Stimmung in Bilder umzusetzen.

Den Christbaumschmuck stellten zur Verfügung:
Cherubim Christmas Shop, London: Seiten 43, 68, 70, 75, 76/77.
The Christmas Chapter, London: Seiten 40/41, 47, 49, 52, 62/63, 71. Requisiten ausgewählt von Natascha Du Pont Du Bie.
Die Puppen auf den Seiten 64 bis 67 stammen von Studio Koestel Design, Isny im Allgäu. Dank an The Paragon Collection, Surrey, UK, und an Studio Koestel Design für die leihweise Überlassung der Diapositive.